D VNIK

世界遺産都市 ドゥブロヴニクを読み解く

戦火と守護聖人

武田尚子

勁草書房

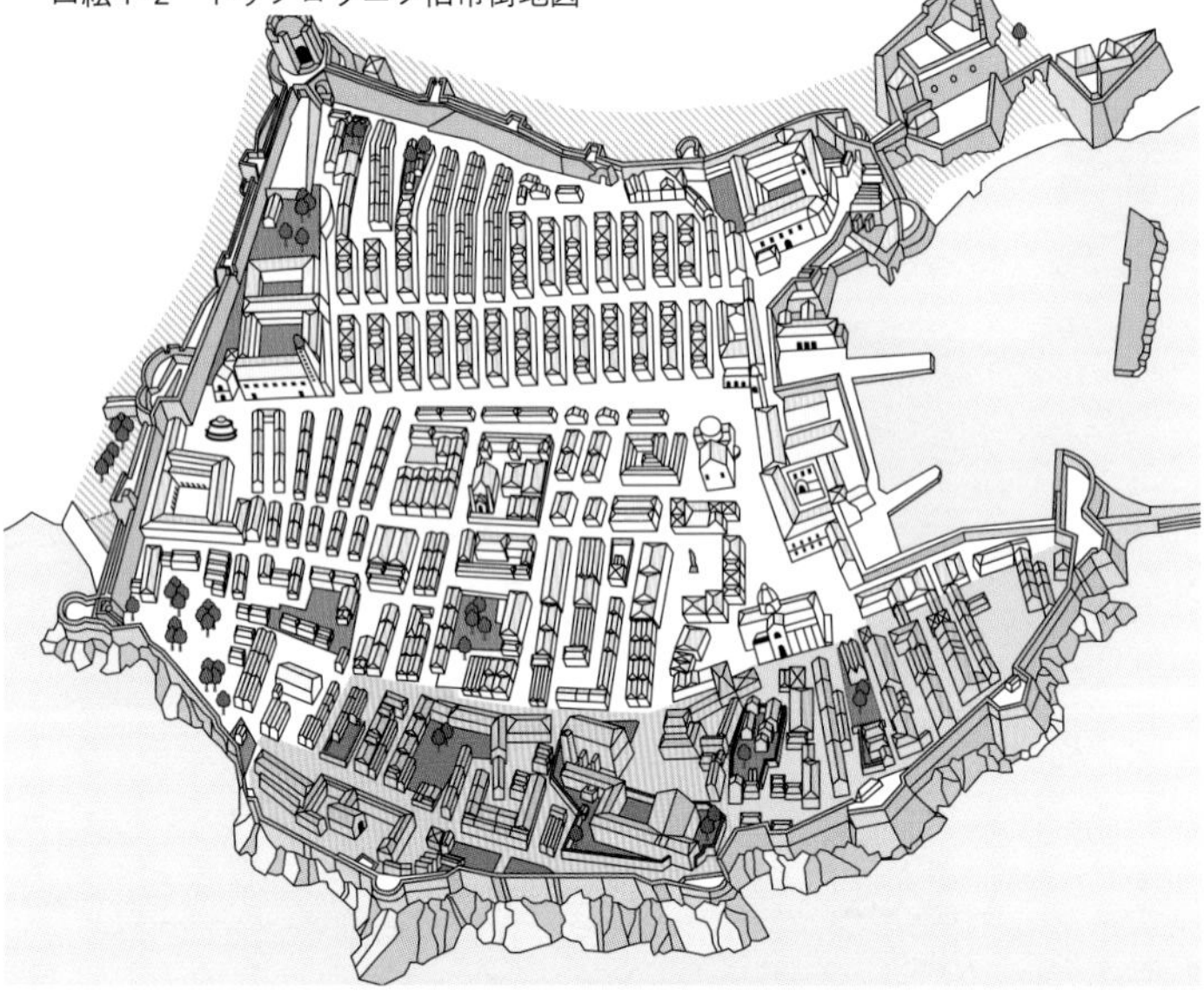

口絵1-2　ドゥブロヴニク旧市街地図

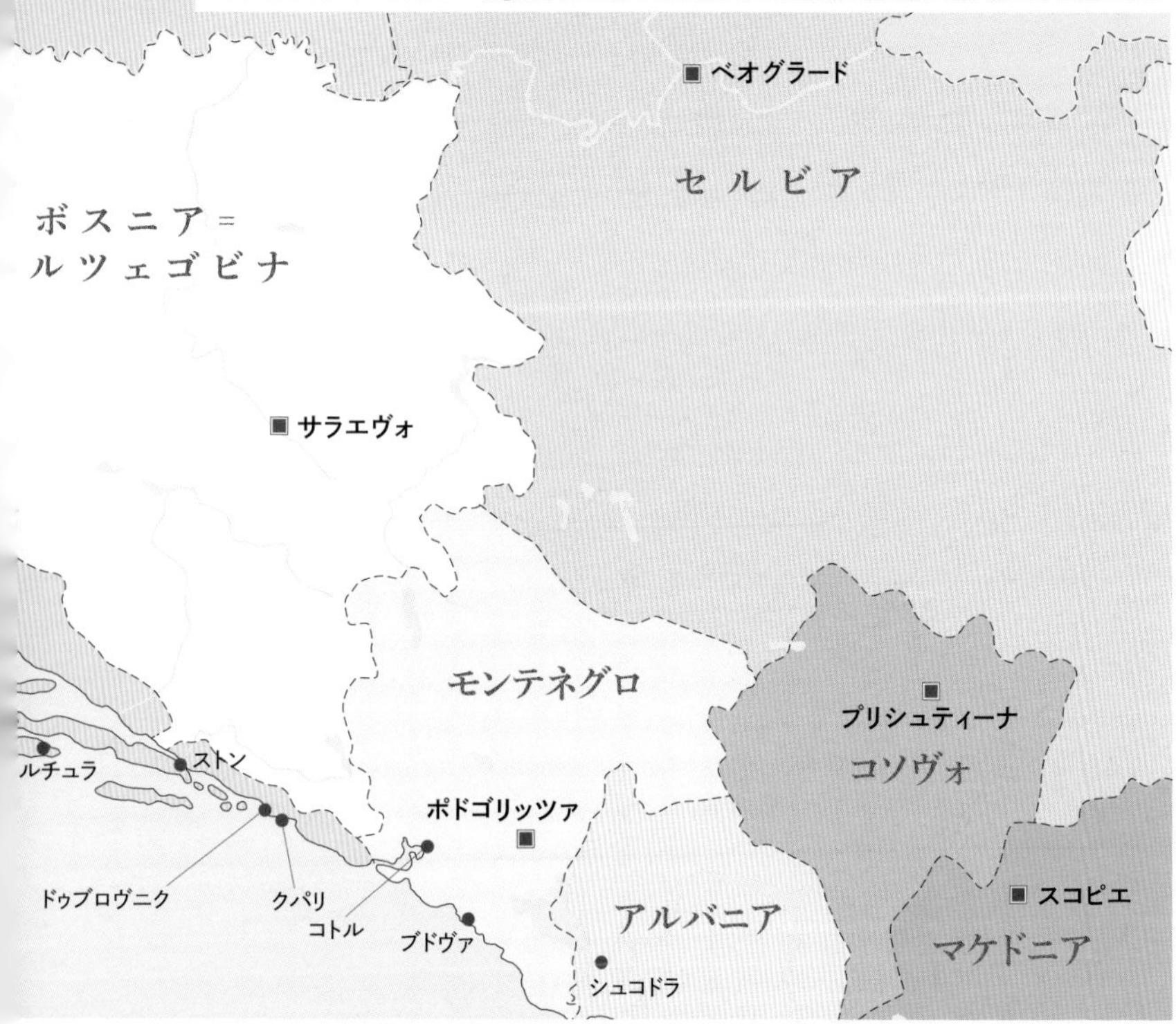

口絵1-1　クロアチア（バルカン半島北部）

口絵2　「アドリア海の真珠」と称えられるドゥブロヴニク

口絵1-2　Bošnjak, M., 2005, *Biseri Jadrana Dubrovnik*, FABRA PRESS D. O. O, Appendix Map より作図

口絵2～4　筆者撮影

口絵３　聖ヴラホ教会の聖ヴラホ像（祭壇脇）

口絵４　スルジ山から見下ろしたドゥブロヴニク（写真下側が北）

口絵5　司教座聖堂（カテドラル）と聖ヴラホ教会のクーポラ

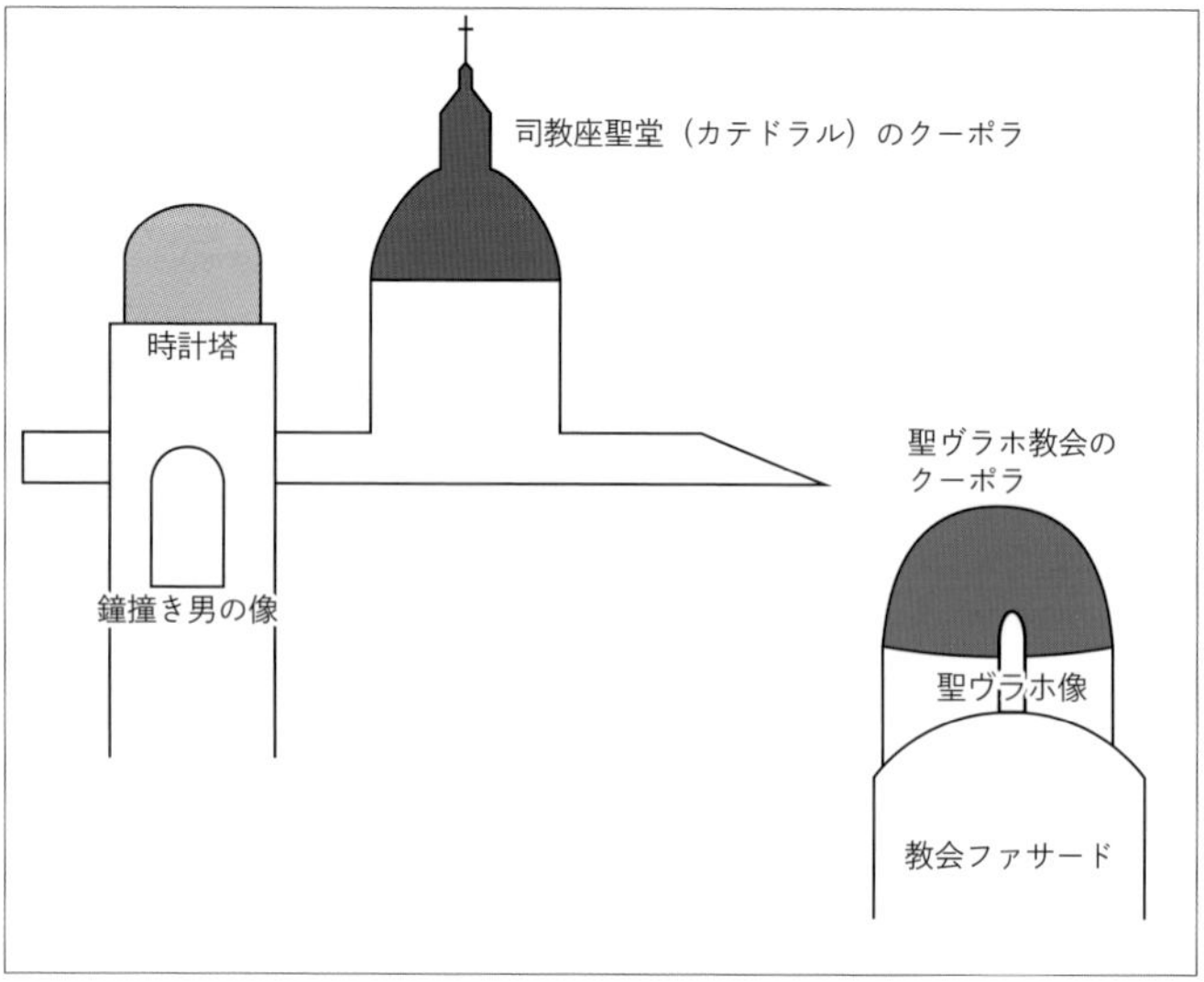

口絵6　同上　描き起こし図

口絵7　白く輝く大通りの「ストラドゥン」

口絵8　攻撃されたクパリのリゾート・ホテル　弾痕を残して廃墟と化している

口絵5・7〜8　筆者撮影

口絵9　クパリに残る弾痕
筆者撮影

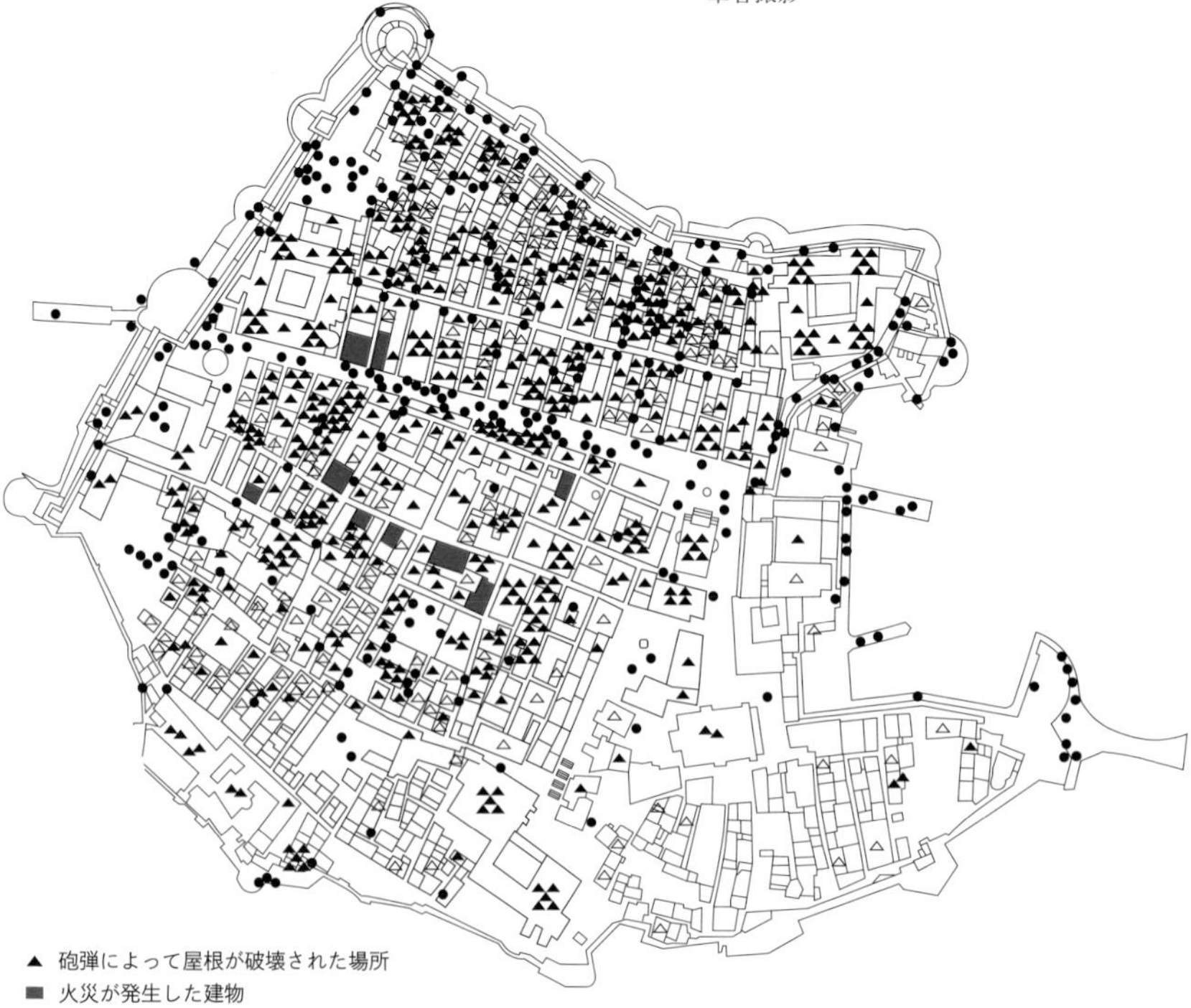

▲ 砲弾によって屋根が破壊された場所
■ 火災が発生した建物
△ 榴散弾（シュラプネル弾）によって屋根が破壊された建物
● 砲弾によって破壊された路面

口絵10　ドゥブロヴニク市内　戦災図
出典：[Fabijanić 2018:175]

はじめに　世界遺産都市ドゥブロヴニクと守護聖人

アドリア海の真珠

「アドリア海の真珠」と称えられるクロアチアのドゥブロヴニクの風景をどこかで目にし、記憶に残っている人も多いだろう（口絵2）。中世以来の海洋交易都市ドゥブロヴニクは、歴史的な存在意義と風光明媚な環境が調和し、一九七九年にユネスコ「世界文化遺産」に指定された。

晴れわたる地中海の青い空、心がすいこまれそうな紺碧の海、貴石のように輝いて海にそそり立つ異国の街。アドリア海の風が吹いてくるような光景のなかに、真珠のように凝縮された魅力が人々の心をとらえる。

空路、ドゥブロヴニクに着くと、まなざしの先に憧憬の街を望みながら、一路バルカンの坂道を下っていく。やがて、真珠の小粒のように街がきらめいてみえたのは、周囲をぐるりと城壁が取り囲み、その白い壁がまぶしい陽光を反射していたからであることに気づくだろう。まさに「アドリア海の真珠」は手の届くところにある。

やがて、だいだい色の屋根の家々が、城壁に抱かれてねむるように固まっている情景が目に入ってくる。おとぎの国のような街なのに、不釣り合いなほど堅牢な城壁が海にそびえていることに軽い驚きを感じるかもしれない。城壁の上に据えられた大砲の砲口は陸上の自動車道に照準が合わせられている。自分が下ってきた坂道は、敵が街に襲いかかった道でもあった。

紺碧の海に臨んで、ドゥブロヴニクがいまも真珠のような硬質の輝きを放つことができるのは、敵との攻防戦に屈しないこの城壁があったからこそである。白く輝く城壁は籠城に耐えて、街を守り抜いた誇りの象徴でもある。

それは古い話ではない。まさに現代史、一九九一〜九二年にあったバルカンの都市攻防戦である。一九八九年に「ベルリンの壁」が崩壊し、東欧諸国の政治体制は劇的に変化した。バルカン半島ではユーゴスラヴィアの解体が進んだ。クロアチアの独立をめぐって、クロアチアとセルビア・モンテネグロ軍の間で激しい戦闘が起きた。ドゥブロヴニクと周辺地域は激戦地の一つである。

城壁は現代の砲撃戦にも耐えた。ドゥブロヴニクは死守され、いまもクロアチア領で在り続けている。クロアチアの一部として独立できたことがいかに有り難いものであったかは、ドゥブロヴニクがクロアチア共和国の飛び地であることに端的に示されている。紛争の火種が尽きないバルカンの現状を鑑みると、ドゥブロヴニクの城壁は「過去」のものではなく、未来においても不可欠の共同防衛の要である。

戦火と守護聖人

はじめてドゥブロヴニクを訪れたとき、街の中心にある聖ヴラホ教会に入って、私は衝撃をうけた（口絵3）。ドゥブロヴニクの守護聖人ヴラホが、「城壁に囲まれた街」を胸に抱きしめている。激しい攻防戦のなかで、守護聖人ヴラホはいかに人々の心の支えであったことだろうか。聖人像は現代の攻防戦よりはるか古くに作られたものであるが、ヴラホの姿はドゥブロヴニクの人々の心のうちを映し出して余りある。

願いを聞き届けるかのように、聖人は「城壁の街」を胸に引き寄せて、天に祈りを捧げている。堅い貝殻が「アドリア海の真珠」をおおうように、天の加護がドゥブロヴニクを守り抜いてくれることを念じている（図表a）。

図表a　加護を祈るヴラホ像
（筆者所蔵資料）

現代の戦火に耐えて、ドゥブロヴニクの人々が戦禍から立ち上がろうとしたとき、まず何よりも先に手をつけたのがこの聖ヴラホ教会の再建である。これまで幾度も天災人災にうちのめされたドゥブロヴニクの人々に「復活」の導き手として寄り添ってきたのが聖ヴラホである。

ここドゥブロヴニクにおいて、「城壁」と「守護聖人」は中世都市の歴史的遺産なのではなく、現代においても、「実戦の支え」と「精神の支え」である。軍事的シンボルと宗教的シンボルは現代都市においても生活を守り抜く拠りどころである。

現代史のなかに生き続ける都市の「城壁」と「守護聖人」の持つ意味を

深く掘り下げてみたいと思ったのが本書執筆の動機である。

世界遺産都市ドゥブロヴニクを読み解く——戦火と守護聖人　目次

序章　中世都市の現在

❖水先案内——都市共同体と都市空間

歴史都市の魅力は、何といっても、空間的な佇まいの美しさにある。重厚な雰囲気の歴史的建造物、自然環境と歴史的景観が調和して醸し出す風格など、自分の足で探索する醍醐味は深い。ドゥブロヴニクの歴史的重層性を実感させる都市景観は、時の経過のまま残ったものではない。戦乱のなか人々が守り抜き、戦災から蘇らせた風景である。

中世期、ドゥブロヴニクは自治的な都市共同体であった。自治都市の機能は、人々が諸活動を行うことによって実現される。繰り返される定まった活動は、それに適する都市空間を創り出す。

ドゥブロヴニクの風景のどこに、都市共同体としての機能や、活動した人々の軌跡を読みとることができるだろうか。都市は固有の環境のなかで、独自の歴史をたどる。都市空間に刻印された歴史的蓄積を読み解くことによって、街に対する人々の愛着、暮らしをいつくしむ心情について理解が深まることだろう。

街の中心ルジャ広場から時計塔を望む（筆者撮影）

1　中世都市の見取り図

一望できる城壁都市

日本からクロアチアのドゥブロヴニク[1]は遠く感じるかもしれない。日本から空路の直行便はなく、ヨーロッパの主要都市で乗り換えてドゥブロヴニクに降り立つことになる。バルカンの坂道を下れば三〇分で市内に入るので、飛行機の乗り換えはあっても、意外に楽な旅路である。ドゥブロヴニクはアドリア海沿岸のダルマチア地方にあり、海上を航行する船に乗って沿岸部を移動する方法もあるが、いまは緑の樹木がほとんどない岩山にへばりつくように延々と続く坂道を車で移動するのが一般的である。

ドゥブロヴニクに近づくと、このような坂道から眼下に街を一望できる（口絵2）。街の空間的構成は基本的に一七世紀前半のドゥブロヴニクとほぼ変わらない（図表0-1）。城壁が街をぐるりと取り囲み、城内の街の様子を眺めわたすことができる。ヨーロッパ広しといえども、手にとるように眼前に、中世以来の城壁都市の全体像を見てとれるのは希有である。この点でもドゥブロヴニクは都市を歴史的に解読する格好の対象である。

現在は城外にも市街地が広がっている。ドゥブロヴニク都市圏の人口は四万二六一五人（二〇一一年時点）、そのうちドゥブロヴニク市の居住人口は二万八四三四人（二〇一一年時点）である[2]。内戦前は城内に約六〇〇〇人が居住していたというが、復興にともない新市街地への転出が進んだ。本書では中世以来の城壁都市、すなわち市壁に囲まれた「旧市街地」に焦点をしぼり、適宜、ドゥブロヴニク、市内、城内、都市等々の語を用いて記すが、これらはすべて「旧市街地」のことを指している。

中世都市の空間構造――共同利益と共同防衛

ヨーロッパ中世都市の空間構造を理解する際に、まず最初におさえておきたい空間的ポイントは四つある。「城壁」「広場」「行政庁」「教会」である。

「城壁」は都市外周部にあって、軍事的に共同防衛の機能を果たす。「広場」は都市中心部にあって、経済的交換の機能を果たす。すなわち交易の中心である。ヨーロッパの都市を歩いていると、折々に中心部にある広場で季節感あふれるマーケットにめぐりあう。都市とはモノが集積し、売り買いされる場所であることを実感する楽しい機会である。

図表 0-1　1667 年以前のドゥブロヴニク
(写真上側が北)

出典：ドミニコ会修道院所蔵

都市の基本的機能はこのように人口と物資の集積という点にあり、集積量が大きくなれば取引量も多くなり、経済的利益は増大する。都市とは集積効果を生かして共同で利益を生み出す場所である。

経済的に裕福な都市を支配下に治めることは権力者にとって有利なことで、このような都市は軍事的争奪の対象になりがちである。そのようなリスクに備えて共同防衛の対策を固めておく必要があり、実戦的な防御施設が城壁である。「共同して利益を生み出すこと」と「共同して防衛に当たる」ことは密接に関連しており、都市の基本的機能の両面である。

「都市」がなぜ必要とされているかというと、人々の暮らしがある程度合理的に営まれていくために、集積効果の高い「市場交換の拠点」があったほうが便利だからである。このような都市の最重要機能である「共同利益」と「共同防衛」を実行する物理的空間が、中心部「市場」と外周部「城壁」である。

中世都市の社会構造――秩序統合と共同祈願

都市においては、市場交換の秩序を維持するしくみが重要となる。「秩序」を維持させる機能が集中している物理的空間が「行政庁」である。都市運営の要であり、たいていは中央部の広場に面して「行政庁」が設けられている。都市の規模や政治体制によって、そこを何と呼ぶかは各都市それぞれであるが、自治的性格の強い都市であれば「市庁舎《シティホール》」や「タウンホール」、封建的性格の強い領主に領有されている都市であれば宮殿など呼称はさまざまである。

秩序の維持には、商取引の監視、交換単位の調整、税金徴収、立法、紛争解決などが含まれる。つまり現代でいうところの行政、立法、司法が未分化のまま「行政庁」で実行されていたり、さらに交易対象の外国使節を迎える外交儀礼や式典が挙行されることもあった。このような都市運営のトップに当たる人物の呼称は各都市の状況や政治体制によって異なる。自治都市であれば市参事会が「市長」を選出したり、また世襲的権力が強ければ「王侯」として「宮殿」に君臨した。いずれにしても「行政庁」は都市の秩序を維持し、社会的統合を図る機能を担った物理的空間である。

人口の集積が多ければ、社会秩序はヒエラルキー的構成で管理される。つまり、社会的に優位な集団と劣位の集団に分化する。共同で利益を生み出すために、どの層のどの集団も不可欠な存在であるが、都市は過酷な状況で働く人々を必要とした。搾取される貧困層が常に存在していたのが、残念ながらこれまでの都市の現実である。

何のためにこのような苛酷な現実世界に生きているのか。根源的な疑問を投げかけ、応えを求める相手が必要で、このような精神的問いかけの場所が「教会」である。現世で解決しない矛盾は、天国での救済に期待するように導き、宗教的に昇華させる。都市を維持するためには不満の暴発をくいとめ、内部からの崩壊を防ぐ手段が必要とされた。そのような精神的統合を図る「共同祈願」の場所が「教会」である。教会もたいていは中央部の広場に面している。

以上のように中心部にあって「秩序統合」と「共同祈願」を実行する物理的空間が「行政庁」と「教会」である。大勢の人が混乱なく同一目的に向かうには時間管理が重要である。つまり、集団の秩序維持には時間を統制する手段が必要で、町の広場にある「行政庁」または「教会」のどちらかには高くそびえる塔があり、時計が取りつけられている。

歴史都市の探索

探索しようとする歴史都市で、軍事的「共同防衛」機能の城壁、経済的「市場交換」機能の広場、行政的「秩序統合」機能の行政庁、宗教的「精神統合」機能の教会が、空間的にどのように配置されているのかを読み解くことが、歴史都市フィールドワークの第一歩である。

各都市にはそれぞれの地形的特徴、固有の歴史がある。かならずしもモデルのように整序されているわけではない。それぞれの都市には独特のかたよりがある。その要因を探ることによって、その都市ならではの魅力、独自性、固有性により深く迫ることができるだろう。

ちなみに中世都市の四つの基本的機能は、現代の国家を理解する際にも役に立つ。国境で囲われ、現代の私たちはパスポートを持って出入国する。境界内では「共同利益」の産出に励み、「秩序統合」を担う行政省庁があり、議論はあるが基本的な「共同防衛」機能をもち、各種の「精神統合」機関があって、季節ごとの行事で時間の節目を実感する。国ごとに標準時間が設定されており、たとえば交通機関が予告した時刻表の発着を遵守できないと社会的混乱を引き起こしていることで行政指導を受ける。

中世の歴史都市について学ぶことは、現代国家の軍事、経済、行政、宗教の在り方や、それぞれのルーツについての省察を深め、現代の国内状況、国際関係を理解するうえで示唆に富む。各国で元首や民主的に選出された政治的代表の呼称がさまざまであるように、中世都市について一元的な説明を求めてもあまり意味はない。大事なことはその都市固有の在り方に着目し、現代につながる地脈について洞察が深まるように、固有性、独自性を生み出している要因を探っていくことである。

現代国家と歴史都市のアナロジーから、社会構造を掘り下げていくための着眼点が引き出せる。現代の私たちはパスポートを持って出入国するが、その国の国籍保有者であるか否か厳しく選別され管理されている。国籍を保有している者には相応の権利が国内法で保障される。国籍による区別が現代社会にはある。歴史都市における「市民」と、市民ではないが市内に居住していた人々とはどのようなものであったのだろうか。ドゥブロヴニクの社会構造については、この本でおいおい探っていくことにしよう。

2　ドゥブロヴニクの空間的特徴

海際の広場

ドゥブロヴニクでは、どのような点に空間的特徴を見出すことができるだろうか。城壁内部に入る前に、坂の上からドゥブロヴニクを眺め、おおよその特徴をつかんでおこう。だいだい色の屋根が広がるなか、ひときわ高くそびえるいくつかの塔や、教会のドーム屋根が目に入るだろう。それらを目印に「城壁」「広場」「行政庁」「教会」をおさえていくと、次のようなドゥブロヴニクの空間的特徴がみえてくる。

最も特徴的なのは「広場」の位置である。市の中央ではなく、港に面した開口部に「広場」がある。これは海港都市によくみられる特徴で、海側がメインの入口で、船に乗って人々が出入りし、物資が搬出入されたことによる。物資が陸揚げされる場所の近くに広場が形成され、市場が開かれる。

たとえばイタリアの海洋都市として名高いヴェネツィアのサン・マルコ広場も海側に入口がある（図表0-2、0-3）。船から上陸すると、広場にヴェネツィアの守護聖人マルコを象徴するライオンが載った円柱があり、ドゥカーレ宮殿、サン・マルコ大聖堂と鐘楼などが建ちならぶ。海に向かって開かれたサン・マルコ広場の優美で開放的な空間は幾多の絵画に描かれてきた。

ところが、ドゥブロヴニクの広場はこれとは違う。海側へ向かって開かれていない。海際に広場があるのだが、海と広場を遮るように建物がある（図表0-4）。これはドゥブロヴニクのアーセナル（軍用船造船所）である。建物の上部は城壁で、現在も通行可能である。つまり、街を取りまく城壁はぐるりと一周できるようになっており、海際でも城壁が途切れることがない。戦闘のとき、城壁の上を縦横無尽に走り回ることができるようになっている。実戦で敵と勝負するには、城壁とはこのようでなければならないと実感するつくりになっている。

海側の表玄関にふさわしい空間とはどのようなものか。ヴェネツィアのサン・マルコ広場のように見ばえが良い開放的空間がよいのか。敵の襲来に耐えうる堅固な空間がよいのか。海際の広場のつくりは都市によって違い、ドゥブロヴニクの人々が何を優先したかは一目瞭然である。海から到来するものは富を生み出す珍奇な物産だけではない。好まざる者の来襲がいかに脅威であったかは、ドゥブロヴニク

図表 0-2　ヴェネツィア、サン・マルコ広場海側からみた広場入口、ドゥカーレ宮殿、鐘楼

図表 0-3　陸側からみた広場入口、円柱

図表 0-4　ドゥブロヴニクの港入口のアーセナル

（図表 0-2〜0-4　筆者撮影）

の閉じた広場が示している。

海と広場を遮断するアーセナルは二〇世紀には軍事目的で使用されることはなくなり、カフェとして利用されるようになった（現在も同様である）。フランスの歴史学者ブローデルは一九三〇年代にドゥブロヴニクの古文書館で史料解読にいそしんだが、研究の合間、アーセナルを改造した天井の高いカフェで一服し、海の風景を眺めて気分転換をした（図表0-5）。

かくてドゥブロヴニクの広場は海際にあるにもかかわらず、城壁に囲われ、やや狭小で閉鎖的な空間である。そこに重要施設が集中しているのだが、それぞれ建設時期が異なるうえに、天災人災によって修復・再建が繰り返されている。さまざまな要素が入り組み凝縮した密度の濃い空間が形成されている。これを読み解いていくのがドゥブロヴニクの醍醐味の一つである。

二つの聖堂

坂上からドゥブロヴニクの広場を見おろすと、二つのクーポラ（教会のドーム屋根）があることに気づくだろう（口絵5、6）。広場の中心に近い位置にあるのがあるのが聖ヴラホ教会、広場の南側にあるのが司教座聖堂《カテドラル》の聖マリア・マジョーレ教会である。一〇二二年にローマ教皇庁から大司教座にする通知を受けた［Carter 1972: 76–77］［Krekić 1972 = 1990: 115］。

広場に複数の教会があることは珍しいことではない。しかし、ドゥブロヴニクの広いとはいえない中心広場に、なぜ二つの教会が在り続けているのか。しかもローマ教皇庁の権威で承認された司教座聖堂よりも中心的な位置に聖ヴラホ教会がある（図表0-6）。これはドゥブロヴニクの独自性の一つであり、

▲ 1900 年、ドゥブロヴニク遠景

▲ 1880 年、ドゥブロヴニクの港に入港している船

▲ 1930 年頃のスポンザ館（古文書館）

図表 0–5　ブローデルのドゥブロヴニク

出典：［Dubrovnik Museums, Maritime Museum 2018:（上）173,（中）61,（下）219］

掘り下げるに値する。

　司教座聖堂と守護聖人聖堂の関係については、やはりヴェネツィアのサン・マルコ広場が参考になる。ローマ教皇庁が任命するヴェネツィアの司教座は長らく市の東端の教会におかれていた。その一方でヴェネツィア政府による宗教的儀式や政治的儀式はサン・マルコ広場にある守護聖人聖堂、すなわちサン・マルコ大聖堂で執り行われていた。司教座聖堂と、都市のシンボルをまつる守護聖人聖堂は並立可能であった。サン・マルコ大聖堂に司教座が移されたのは一八〇七年である［宮下 2016］。ヴェネツィ

アでは司教座聖堂と守護聖人聖堂は一体化した。

しかし、ヴェネツィアと違って、ドゥブロヴニクではいまも守護聖人聖堂と司教座聖堂は一体化していない。ここから街の人々のどのような精神生活がみえてくるだろうか。

広場はルジャとよばれ、その一画に「行政庁」がある。ドゥブロヴニクでは「総督邸」という。また、港で陸揚げされた物資を管理する「税関」が広場の海側にあり、「スポンザ館」とよばれた。これら行政機関とならんで「時計塔」がある。既述したように軍用船造船所である「アーセナル」が海と広場の間にあった（図表0-6）。

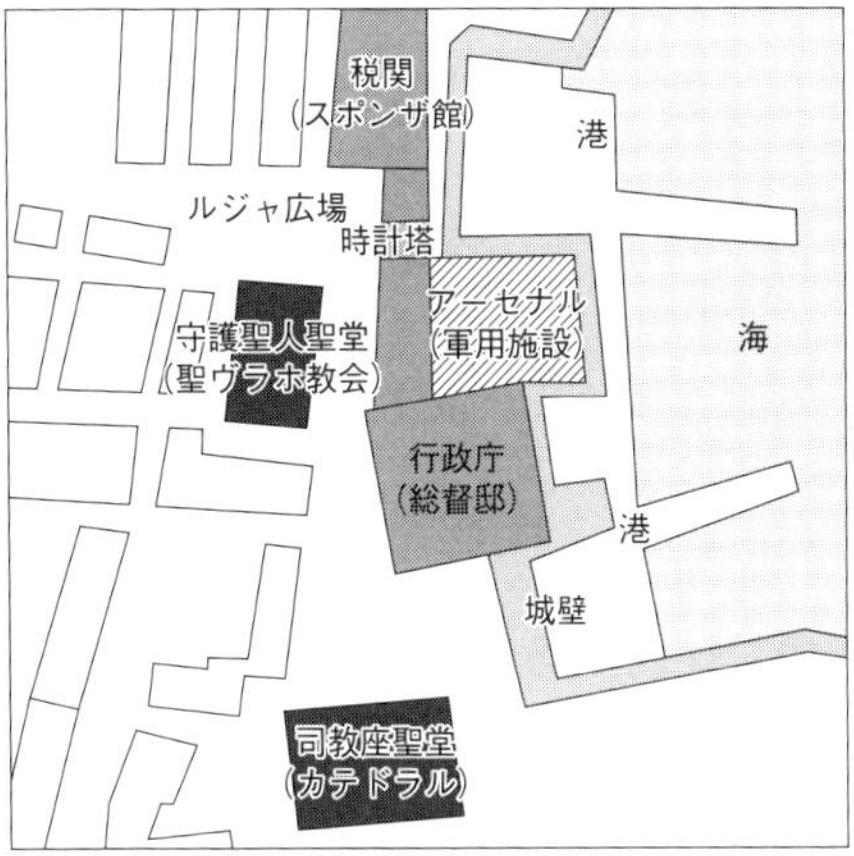

図表0-6　ドゥブロヴニクの中心　ルジャ広場

（筆者作図）

このようにドゥブロヴニクの広場は狭小であるにもかかわらず、二つの聖堂、行政庁、税関、軍用施設など、重要施設が凝縮し、まさにドゥブロヴニクの心臓部であった。

三角を固める修道会

広場から目を転じ、外周部の城壁に沿って城内を眺めてみよう。城壁を図表0-7のように簡略に模式化し、空間的特徴を明確にしておこう。城壁は変則的な四角形に近く、そのうち三つの角には敷地面積の大きな建物がある。フランチェスコ会修道院、ドミニコ会修道院、イエズス会の聖イグナチオ教会である。

　フランチェスコ会修道院の建物はもともと城壁の外にあったが、防衛施設として利用できるように、城壁の修築と併行して、城壁内にとりこまれた［Krekić 1972＝1990: 88–90］。軍事拠点の一つになるように空間的に再編成されたのである。ドゥブロヴニクでは宗教施設について、宗教目的にとどまらず、共同防衛の視点から理解することが必要とされる。

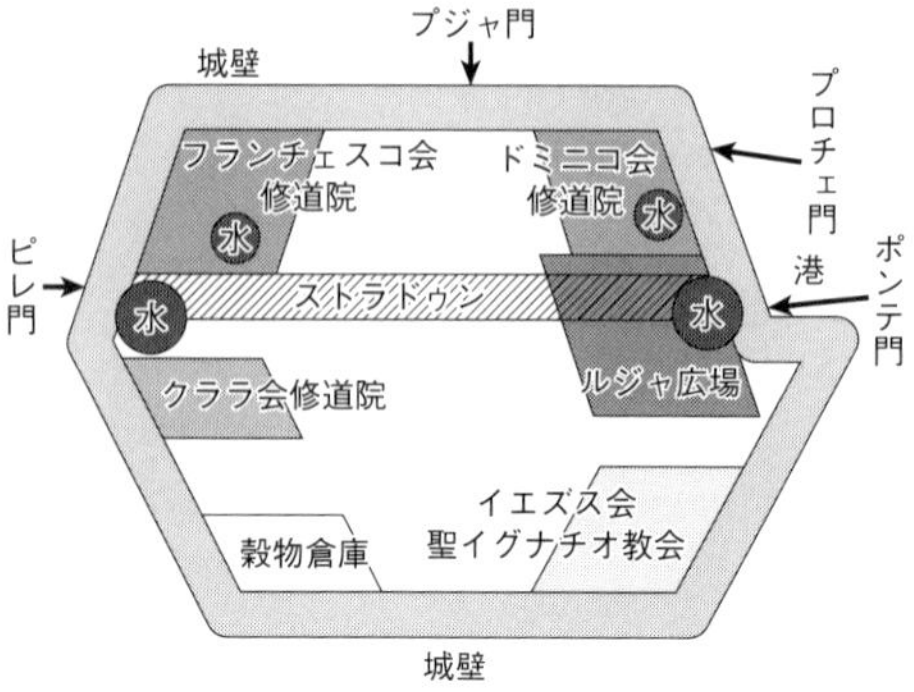

図表 0-7　ドゥブロヴニク　模式図
（筆者作図）

　この点で注目しておきたいのが「水」の問題である。「洗礼」の儀式に象徴されているように、カトリックの宗教儀礼では聖水を使う。教会や修道院では聖水用の「水」は欠かせない。二つの修道院にはそれぞれ回廊式の中庭があり、中庭の中央に井戸があった。ドゥブロヴニクが籠城した際に修道院で「水」を調達できるようになっていた。

　三つの角の一つ、海側の一隅をイエズス会が占めている。教会と修道士が学修するコレジオ（学校）があった。現在も宏壮な建築の教会があり、敷地面積は広い。戦闘の際には多目的に活用できる空間である。また、城壁の残りの一角にあったのは市の穀物倉庫である。いざというときにそなえて食糧が備蓄されていた。

　このように城壁に沿って各修道会が一つずつ規模の大きな拠点を設け、計画的に配置されていた。ちなみにベネディクト会が最も早くドゥブロヴニクに到来した修道会で、沖合にうかぶロクラム島（図表2-1参照）に修道院があった。海防の最前線で、沖合を守っていたともいえるし、万が一ドゥブロヴニク陥落の際は逃げ込む避難場所が用意されていたともいえる。

ドゥブロヴニクではこのように宗教施設が計画的に配置され、軍事と宗教が密接に関連した都市空間が形成されていた。街の中央広場には司教座聖堂《カテドラル》と聖ヴラホ教会という二大宗教拠点があり、街の中心から四方へむかって、城壁の角には各宗教施設が守りを固めていた。ローマカトリックで統一された宗教空間は都市防衛の空間でもあった。ローマ教皇庁の勢力下にあり、「共同防衛」と「共同祈願」の統一されたしくみが都市空間に反映されている。

バルカンの紛争の火種の一つは昔から現在に至るまで宗教問題である。ドゥブロヴニクは空間構造的に「カトリック」都市であることを明確に示し、バルカンにおけるローマカトリックの拠点都市として重要な存在意義があった。

白く輝く大通り

坂上から街へ下りて、中心の大通りを歩いてみよう。城壁にうがたれた門は四つで、古くからある門はそのうちの三つである。西側の陸路から入るピレ門、東側の陸路から入るプロチェ門、海路から港に上陸し街に入るポンテ門である。

陸路から入る門はいずれも堅固な二重構造になっている（図表0-8）。城壁の外周に深い壕がめぐらされ、跳ね橋が架けられていた。昔は毎晩巻き上げられたという。跳ね橋を渡って外門からなかに入る

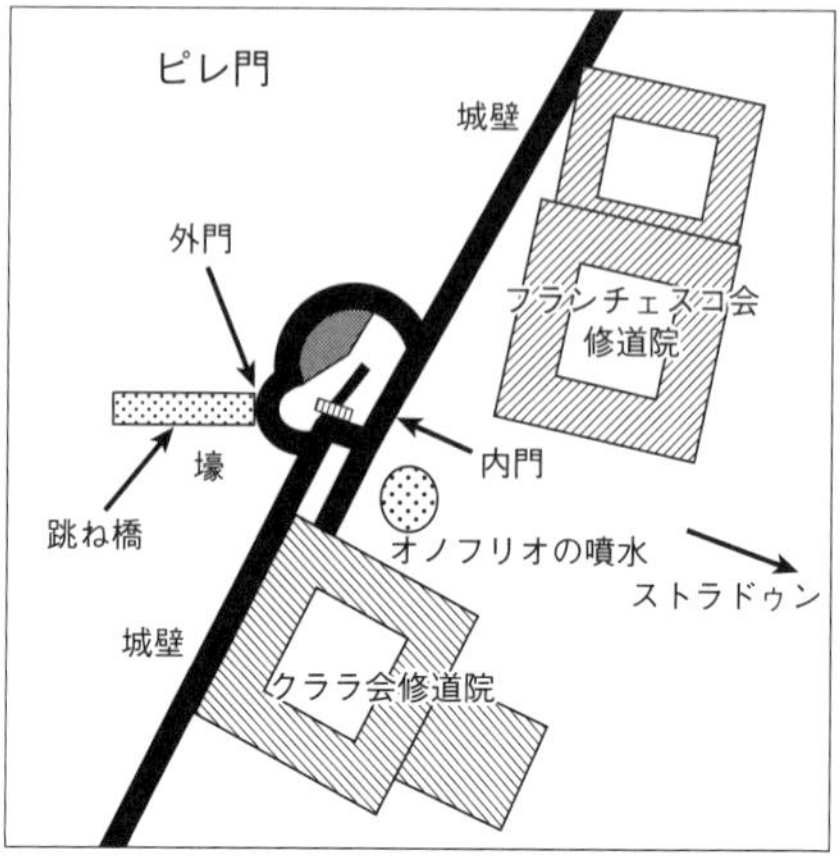

図表 0-8　ピレ門の構造

（筆者作図）

と要塞で、高い壁に囲まれる。さらにその先に内門がある。万が一、敵が外門を突破して入ってきた場合、要塞の上から熱した油や石、矢を浴びせ、内門が突破されるまでの時間をかせぐ構造になっている。内門の幅は狭く、人が二人ならんでようやく通れるほどの狭い幅である。敵を防ぐための備えが周到に施されており、敵の襲来が切実な問題であったことを実感させる。

　堅固な門は現在も維持されている。車は許可された小型の業務車輌のみが早朝にプロチェ門から出入りする。徒歩で城門を通り抜け、城内に入ると車がないので安心して歩き回ることができる。

　街を東西に貫く大通りがあり、ストラドゥンという。ストラドゥンの東端がルジャ広場である。西側のピレ門から入り、ルジャ広場まで行くことにしよう。ピレ門の跳ね橋、外門から中に入ってみよう。高い壁に囲まれた要塞空間で、街なかを見通すことは全くできない。しかも足元は「く」の字に曲がった階段である。その先にある内門は小さい。実用に使われている門であるが、現在も完全に外敵を防ぐ構造が保たれていることに少なからず驚くことだろう。

　内門をくぐって城内に入ると、一転して目にまぶしい白く輝く大通りが広場まで一直線に伸びている（口絵7）。視線の先には高くそびえる時計塔、さらにその向こうには青く澄みわたる大空、まさに「アドリア海の真珠」ここにありの光景である。

内門を通り抜けて経験する鮮やかな視野の転換には息をのむ。ストラドゥンの白い石灰岩を敷いた石畳が、長年の間に通行人の足で磨かれて、まるで大理石のように光っている。海側から上陸したとき、視野は城壁で遮られて見通しがきかない。しかし、陸路のピレ門から入ると眼前にすばらしいランドスケープが開放的に広がる。まなざしの集中点は高さ三一メートルの時計塔で、時計盤のほか銅鐘もある。定時ごとに銅製の鐘撞き男が撞く響きがいにしえへと誘う。音と風景が見事に一致した都市ランドスケープで、城壁に囲まれた都市防衛と文化的爛熟が調和した空間になっている。

ランドスケープとトポス

ピレ門から市内に入るとすぐ脇に大きな水場があり、「オノフリオの噴水」という。「水」の汲み口がいくつも備えられている。ピレ門入口と水場を守るように立地しているのがフランチェスコ会修道院とクララ会修道院である（図表0-8）。フランチェスコ会とクララ会はともにイタリアのアッシジ発祥で、ブラザー・シスター関係にある修道会である。クララ会修道院の建物は城壁・要塞と一体化している。外敵襲来の際は防御の拠点になる構造である。両修道院が一体になってピレ門と水場防衛に当たる空間的布置になっている。

ストラドゥンをルジャ広場まで進むと、突き当たりに小噴水がある。これは行政庁の建物のなかに組み込まれる構造になっている。つまり、ストラドゥンの両端に水場が確保され、それぞれ宗教施設と行政庁が「命の水場」の守りを固めている。

ストラドゥンは日々、ドゥブロヴニクの人々が行き交う生活の道であると同時に、聖ヴラホの祭典では荘厳かつ華やかな式典が繰り広げられる舞台である。日常と非日常が交錯するドゥブロヴニクの中心的トポスである。

3 「城壁」と「守護聖人」の現代性

このように、「城壁」「広場」「行政庁」「教会」を手がかりにすると、ドゥブロヴニク固有の都市空間や都市ランドスケープの特徴がみえてくる。都市空間の骨格は中世期に形成されたもので、自治的な都市共同体、独立した都市国家を運営していくための都市基盤であった。このような空間を構築していたことによって、ドゥブロヴニクはヴェネツィアとならぶ地中海の代表的な交易都市として長く存続することができたのである。

中世から現代に至るまで、独自の歴史を歩んできたドゥブロヴニクの歴史的変容について一貫した視点でとらえることができるように、次の第1章では都市社会学、歴史社会学的視点に基づいて「読み解きの枠組」を示すことにしよう。そのあと第2章以下で、ドゥブロヴニクで起きた具体的な歴史的出来事にふれながら、ドゥブロヴニク独自の時間的変遷、社会構造の探究へと進んでいくことにしよう。

注

（1）「ドゥブロヴニク」はスラブ系言語による呼称・表記、ラテン系言語では「ラグーザ（Ragusa）」。一二世紀以降、諸史料にはどちらの表記も使われている。本書は基本的に「ドゥブロヴニク」の表記で記述する。

（2）クロアチア統計局（Croatian Bureau of Statistics）が発表している国勢調査データは二〇一一年まで。二〇二一年に国勢調査が実施されたが、二〇二二年三月時点で調査結果は未発表。

第1章　歴史都市を読み解く

❖水先案内――都市攻防戦と復活

ドゥブロヴニク史を知る価値の一つは、中世の遺産という視点でとらえがちな「城壁」が、現代でも人々の「主権」「領域」を死守する砦として機能したという歴史的事実である。

二〇世紀、世界遺産都市ドゥブロヴニクは現代の戦火にさらされた。人々は恐怖の逃避行を経験し、止まぬ砲撃に暗澹と悲哀の日々を過ごした。過去に幾度も理不尽に直面した町の歴史のなかで、人々と共に在り、立ち直りを導いてきた精神的支柱が守護聖人の「ヴラホ」である。

悲劇にみまわれ、理不尽に打ちのめされても、「復活」してきた都市が現に在るという事実が、未来へ目を向けることへの支えになる。何度も「復活」を実現してきた

ブローデルが史料解読にいそしんだドゥブロヴニク古文書館から聖ヴラホ教会を望む（筆者撮影）

都市の歴史は前を向く力の源泉になる。歴史都市を学ぶ意義の一つがここにある。
この章では、過去から現代にいたるまで何度も「よみがえり」を実現した歴史都市の経験を通時的、世界的視点でとらえることができるように、「歴史都市の読み解き」方法を説明しよう。「読み解き」の「導き」にするのは、ウェーバー、ブローデル、ウォーラーステインの先行研究である。

1-1　歴史都市に学ぶ

戦火にさらされる都市

中世以来の堅固な城壁をもつ歴史都市ドゥブロヴニクは、一九七九年にユネスコ「世界文化遺産」に指定された。堅固な城壁が中世から現在にいたるまで維持されてきたのは、この都市が常に戦火にさらされてきたからである。二〇世紀までに起きた数々の戦争で、都市攻防戦の対象になっただけでなく、世界文化遺産に指定されたのちも、ドゥブロヴニクは攻撃された。世界文化遺産は国際法であるハーグ条約の適用下にある。意図的に文化財を破壊・損傷する行為は戦争犯罪に該当する。それにもかかわらず、ドゥブロヴニクは砲撃された。

それが起きたのは一九九一～九二年である。東欧では一九八九年のベルリンの壁崩壊後、社会主義各国で共産党の一党支配が終わり、急速に民主化が進んだ。ドゥブロヴニクはユーゴスラヴィア連邦を構成するクロアチア共和国の一都市で、クロアチアは一九九一年六月に独立を宣言、実質的にユーゴスラヴィア連邦から離脱した。これに対し、ユーゴ連邦人民軍はクロアチア領内に進軍、一〇月にドゥブロヴニクを包囲した。これに先立って、世界文化遺産のドゥブロヴニクは攻撃を受けないと期待した市民の多くがドゥブロヴニク市内に逃げ込んでいた。しかし、ドゥブロヴニクは砲撃戦の対象となり、市民の籠城は八カ月にわたって続いた。

頭上を砲弾、弾丸が飛び交い、炸裂した破片が家々にふりそそいだ。現代においてもドゥブロヴニク「死守」の「生命線」は堅固な「城壁」だった。

世界遺産都市「ドゥブロヴニク」の復活

なぜ、都市が攻撃されるのか。守り抜くものは何か。ドゥブロヴニクにおいて、守り抜く「至高の価値」を象徴するものが守護聖人ヴラホであった。ドゥブロヴニクだけでなく、二〇世紀、世界中で多くの都市が戦火にさらされ、破壊された。第一次、第二次世界大戦を経て、さまざまな国際法、国際条約、国際協定が積み上げられてきたのが現代社会ではないのか。しかし、現在もなお、世界中でいくつもの都市が戦乱のさなかにある。人智を集めた努力の所産が無視され、二一世紀になっても戦乱の恐怖が人々を襲う。

戦争では都市をめぐる攻防戦が展開される。それはなぜか。本書では「ドゥブロヴニク」を通して、都市が争奪の対象にされる本質的要因、攻撃された都市側が防戦して死守しようとしている本質的なものとは何かを読み解いていく。現代の私たちにとって「生命線」「至高の価値」は重要なメタファーとなる。

読み解きの手がかりとするのは、ドイツの社会学者ウェーバーの「都市共同体」概念と「資本主義の精神」、フランスの歴史学者ブローデルの「地中海交易圏」に焦点をあてた資本主義分析と重層的な「時間」概念、その発想を継承したアメリカの社会経済学者ウォーラーステインのグローバルに拡大した「世界システム」としての資本主義と「ヘゲモニー（覇権）」概念である。

これらを水先案内として、人々がある場所に集まって住むこと、大勢が集住することによって生じる社会的機能、それを維持する都市の社会構造、外部社会との関係などについて理解を深め、人々が「戦火」のなかで守り抜こうとしたもの、「戦火」から立ち上がってきたことの重い意味を深く考え抜いていけるようになることをめざしたい。

1-2　都市と「資源の集積」

市場と交換

なぜ、都市をめぐり攻防戦が展開されるのだろうか。それは序章で述べたように都市が「資源の集積地」だからである。アメリカの思想家ルイス・マンフォードは『歴史の都市　明日の都市』という著作のなかで次のように述べている。

それ自身の富や力のゆえに、自然に都市が攻撃目標となった。繁栄する都市は、集団的な攻撃にとって、かつてなかった明白な目標となった。［マンフォード 1969: 165］

都市には多様な資源が集積するがゆえに、攻略目標になりやすいという。では、都市に資源が集積するのはなぜだろうか。

都市の基本的機能は「市場」「交換」である。ドイツの社会学者マックス・ウェーバーは、「都市」の本質について次のように述べている。

都市を純経済的に定義してみるならば、都市とは、住民の大多数が農業によらず、工業または商業から生ずる収入によって生計をたてている居住地ということになろう。（中略）われわれが「都市」と呼ぶためには、さらに次のもう一つの標識をつけ加えねばならない。それは単に臨時的ではなく恒常的な「財貨の交換」が、集落のなかにおいて、住民の営利および需要充足の「本質的」な一要素として営まれているということ、つまり「市場」の成立ということである。［Weber 1921＝ウェーバー 1975: 605］

都市は商業者と手工業者が生活する場所で、なぜこれらの人々が集まって住むかというと、生きていくために必要なものを「交換」するためである。日常生活に必要な物資を「交換」することによって共存が可能になる。「交換」が安定的に継続するためにはそのための場所が空間的に確保されていることが重要で、これが「都市」というものなのだとウェーバーは述べている。

人・物・金の集積

「市場」で「交換」するため、周辺地域から諸資源が搬入され、都市には「富」が蓄積される。交換の規模が大きくなれば、物々交換は不便で、物と貨幣の交換になる。交易圏が拡大し、物資の移動が長距離になると、大量の貨幣の持ち運びは危険である。現金以外の決済方法が工夫され、為替や手形を用いた信用取引が発達する。

複雑になった決済を専門的に扱う金融業者が介在するようになる。手数料を徴収し、余剰資金を投資するなど金融取引を行い利潤を増やす。「市場」には「交換」機能のほか、資本金を増やすための「投資」機能が加わる。「市場」全体の取引規模が拡大し、多様かつ大量の「人」「物」「金」が集積するようになる。

「資源の集積地」は一般的に交通条件が良い場所に発達する。大量の物資を搬入しやすい河川や海岸、陸路の合流地点などである。固有の地理的条件、地政的条件のもと、都市が形成される。風土の特徴が生活の営みに反映され、独特の様式がはぐくまれる。

独特の様式美をもつ建築物、独自の精神性をたたえた文化遺産が蓄積され、固有の価値をもつ場所になる。このような固有の様式美をはぐくんできた都市はその土地の財産であり歴史的資源であり、民族の誇りになった。現代ではユネスコ（国際連合教育科学文化機関）の世界遺産に認定されることもあり、人類共有の財産として尊重される。

人類共有の財産であり、民族のアイデンティティの象徴である文化遺産を武力攻撃によって意図的に破壊する行為は、国際法であるハーグ条約（一九五四年作成、武力紛争の際の文化財の保護に関する条約）に違反する戦争犯罪である。ドゥブロヴニクは一九九一〜九二年にユーゴスラヴィア連邦人民軍によって、意図的破壊行為の対象にされた。世界遺産に認定されている都市が武力攻撃の目標にされ、意図的破壊行為を阻止できなかった現実は国際社会に衝撃を与えた。ハーグ条約を改良し、文化財保護を強化する動きにつながった（後述）。

「資本主義の精神」の源泉

ウェーバーは、都市のなかでも中世ヨーロッパの都市では、日常生活を律して資源の蓄積に励むことを是とする考え方がはぐくまれ、「市場」「交換」のしくみが効率的、合理的なものに改変されていったという［Weber 1921＝ウェーバー 1975: 605］。合理的な考え方は、利潤を蓄積し拡大させることに積極的な行動様式を育て、資本主義を発達させた。つまり、中世ヨーロッパ都市の「市場」「交換」は合理主義や資本主義などの思想や行動様式の源泉となり、生み出されたものは近代市民社会の基本原理として結晶化していった。現代に生きる私たちの生活の在り方、ものの考え方につながっているのである［倉沢 1999］。

ドゥブロヴニクは中世ヨーロッパの都市の一つである。ウェーバーは中世ヨーロッパ都市で合理主義や資本主義が発達していったのは、「都市共同体」的性格が基盤にあったからだという［Weber 1921＝ウェーバー 1975: 624］。ウェーバーが述べる「都市共同体」の社会的性格とはどのようなものだろうか。現実の都市は地理・気候など諸条件に影響され独自の歴史的過程をたどる。ウェーバーの「都市共同体」の理念型を理解し、見取り図として念頭におくことによって、現実のドゥブロヴニクの特徴や独自性をより深く理解できるようになるだろう。ウェーバーが描く「都市共同体」のモデルとはおおよそ次のようなものである。

1-3　都市共同体と資本主義——ウェーバーの都市概念

社会層と資本

「市場」で「交換」するため、周辺村落から日常生活を支える基礎物資が運び込まれる。主に農業生産物や自家生産の手工業品などである。商業者は収穫時期など時節に対応して取引を行い利益を得る。価格が生活を圧迫しないように一定の価格水準で取引される。基礎物資は生活を支える日常必需品であるから、毎年変わらず搬入されることが重要で、投機の対象になる商品ではない。商業者は持続的に取引に関わることができるように一定額の元手を保持しておく。このような元手や利潤を商業資本という。

手工業者は周辺地域から搬入される原材料を使って、加工して付加価値の高い製品を生産し、利潤を蓄積した。手工業生産を行うための元手や利潤を手工業資本という。手工業生産者である親方は徒弟を養成し、多種多様な技能集団が都市内部に集住した。高度な技能を有する職人集団は、貴金属品の加工、ガラス生産、皮革工芸など貴重品を産出し、富裕層の財産として都市内部に蓄蔵されたほか、高付加価値商品として遠隔地との交易で取引された。

このように都市を構成する主要な社会層は、商業資本を運用して経済活動を行う商業者層、手工業資本を運用して生産活動を行う手工業者層であった。多種多様な職業集団が同業組合のギルドを結成し、持続可能な経済活動を実践していたのである。

共同利益と「共存」

「市場」では需要と供給に応じて、商品価値が変動する。同業者との間で価格競争が起きる。「市場」で競争はつきものであるが、競争が激化すると値下げ競争で共倒れになる。競争激化を抑制し、共存できるしくみが必要になる。

商業者・手工業者は団体を結成し、共存可能なシステムを構築した。代表や評議員を選出し、「市場」を自治的に管理する中核団体を組織し、規則を制定した。競争激化を抑制する方法の一つは競争相手がむやみに増えないように同業者の数を制限することである。各同業組合ギルドは構成員である親方の数を一定数に制限するのが一般的だった。

また、「市場」で商取引が持続するためには、周辺地域から持続的に基礎物資が搬入されることが重要である。周辺地域の生産者とは一般的には農民である。農民にとって生産物を都市へ運び入れ、他の生活必需品と交換し入手することはメリットがあった。

自治団体は周辺地域の生産者にさまざまな規制を課した。市門の開閉時間を決め、搬入する生産物に税金を課し、取引する場所や取引開始時間には規則があった。「交換」する空間を提供する都市側が優位に立ち、周辺地域は従属する構造が形成された。

「市場」は都市のみで成立するのではなく、周辺地域にも規制・規則を課して管理下においた。ウェーバーはこのような経済関係を「局地的市場」と記した。都市自治団体は周辺地域を含めて「経済政策」を実行する機関であり、「経済規制的団体」である、とウェーバーは述べている［Weber 1921＝ウェーバー 1975: 613］。

都市内外を管理する各種規制・規則があれば、違反者が出るのは常のことである。自治団体は違反者を処罰する権限を都市内外から公認されるようになった。裁判権をもつようになったのである。市場における経済領域のみならず、行政、司法の各領域においても自治能力を高めた都市は自治都市として公認されるようになった。

共同防衛と「生命線」

ウェーバーが述べるところの都市共同体の社会的性格をまとめると次のようになる。商工業者が共存をはかるため団体を結成し、自分たちのなかから代表（首長）を選出し、規則を定め、市場を管理した。この基幹的機能を維持するため、行政、司法、防衛について自治的に管理した［Weber 1921＝ウェーバー 1975: 624］。このような自治的「都市共同体」が中世ヨーロッパ都市社会の中核にあり、近代市民社会形成の基盤になったというのがウェーバーの基本的な都市概念である［Weber 1921＝ウェーバー 1975］。

攻撃される都市側が防戦して死守しようとしている本質的なものは、ウェーバーの都市概念をふまえると、「都市共同体」が有する諸資源を自治的に管理する権限といえよう。「自治」の権限が暴力によって蹂躙され、奪われようとすることへの抵抗である。共同利益を自治的に管理する権限が侵犯される危険性に直面したとき、共同防衛の機能が発揮される。

共同祈願と「至高の価値」

ウェーバーは西洋社会の「都市共同体」にみられる次のような特徴についても指摘している。

古典古代や中世の完全な発展をとげた都市は、他の地域と異なり、すぐれて兄弟の盟約として構成された、あるいは少なくともそのような意味あいをもった団体であった。したがって、都市にはそれにふさわしい宗教的なシンボルとして都市神あるいは都市聖者が鎮座しているなど、市民自身の団体信仰がか

ならずあった。［Weber 1921＝ウェーバー 1975: 640］

都市共同体は独自の守護神または守護聖人をいただき、聖なる存在のもとで「兄弟」つまり「仲間」としての誓いを立て、信義を貫くことに価値をおいて結束した集団だったという。外敵が迫る危険に直面したとき、守護神・守護聖人の旗下で武装して対峙する。ドゥブロヴニクにおいては、信義を象徴する至高の存在が守護聖人ヴラホである。ヴラホはドゥブロヴニクの都市共同体が守り抜く「信義」の象徴であり、共同祈願の対象だった。

「信義」の絆で結ばれた「仲間」と共に守り抜く「至高の価値」は二一世紀に起きる都市攻防戦をとらえる際にも重要なメタファーになる。盟約を結び、困難なときも共に戦い抜く同盟の契り、現代における「信義」「至高の価値」とは何か。ドゥブロヴニクの「都市復活」の例を通して、私たちが思索を深めたい眼目の一つである。

以上のようなウェーバーの都市概念を見取り図にして、本書ではドゥブロヴニクの都市共同体の共同利益、共同防衛、共同祈願について具体的に探ってゆきたいと思う。

都市共同体と外部社会

ウェーバーが描き出した「都市共同体」像は、「局地的市場」を存立基盤にしたものである。都市周辺地域が都市に従属する関係に自足している限りは、「都市共同体」が武力で脅かされるような紛争は「局地的経済圏」内部では発生しない。都市への攻撃は「局地的経済圏」の外部社会からもたらされる。「局地的経済圏」外部社会をどのような視点でとらえれば良いのだろうか。ウェーバーは都市の内部構造に資本主義成長のダイナミズムを見出し、外部社会についての言及は多くないものの、次のような点を指摘している。

恒常的な局地的市場と並んで、旅行商人たちの遠隔商業市場が同じ場所で定期的に開かれることも、しばしばあった。［Weber 1921＝ウェーバー 1975: 605］

「局地的市場」とは異なる性格の「遠隔商業市場」があるという。それは「旅行商人」すなわち遠隔地交易の商業者の市場であった。海洋都市の場合、「局地的市場」で自足する商業者層とは異なる社会層が遠隔商業の担い手であった。

とりわけ海岸集落においては、仲介商業の規制が容易であったために、（中略）その土地に住む戦士門閥が、商業利得の分け前を求めるようになり、（中略）彼らは資本投入——とくに中世の場合、コメンダ資本の形で——によって平和的に商業に参加するか、または自ら海賊ないし海戦に参加しており、かつ土地を所有して定住している門閥グループである。［Weber 1921＝ウェーバー 1975: 622］

歴史的に形成された門閥集団が、共同出資して遠隔地貿易に参入することがあった。都市の有力層が出資に参加していたのである。

都市の資本主義的な商業利害関係者、すなわち商業への資金提供者は、古代初期においても、中世初期においても都市名望家層なのであるが、この層と、土地に定住している、あるいは定住者になりかけている商業「経営」の担い手、すなわち本来の商人層とは、原理的に区別されなければならない。もちろん実際には、この二つの層は相互に見分けがたいのであるが。［Weber 1921＝ウェーバー 1975: 622］

都市有力層である上位商業者層の商業行為は、一般の商業者と見分けにくい面があった。しかし、「原理」つまり「資本」に着目すると、局地的経済圏で自足する商業者層の商業資本とは明確に異なるという。

このようにウェーバーは「局地的市場」のほかに「遠隔商業市場」が存在すること、遠隔地交易、仲介貿易に投資しているのは都市有力層の上位商業者層であることを理念的に述べている。しかし、その資本と遠隔地交易に関する具体的な分析は示していない。

この点について中世の地中海経済圏と「遠隔商業市場」を詳細に分析したのがフランスの歴史学者フェルナン・ブローデルである。ブローデルは地中海諸都市の文献を渉猟し、都市有力層である上位商業者層が遠隔地交易に投入する資本を「金融資本」という概念でとらえた。

ブローデルは中世地中海の沿岸都市では「商業資本」「手工業資本（産業資本）」「金融資本」による経済活動が行われていたという［ブローデル 2004b: 152–155］［ブローデル 2004c: 398, 2004d: 461–466］。「商業資本」「手工業資本」はウェーバーの定義とほぼ同様である。ブローデルの独自性は「金融資本」への着眼にある。金融資本こそが資本主義発展の原動力であるという歴史観に立ち、ブローデルは流通過程における金融資本の蓄積プロセスを追究し、資本主義発達史を著した［エチェベリーア 2003: 129–141］。

ブローデルはドゥブロヴニクと特別に縁が深い歴史学者である。地中海交易圏に焦点をあてた資本主義発達史の着想はドゥブロヴニクにおける研究調査で得たものであった［ブローデル 2004e: 405］［ブローデル、P. 2004: 467–469］。ブローデルとドゥブロヴニクとのつながりを概観し、本書が読み解きの手がかりとするブローデルの歴史観、分析視点について理解を深めておこう。

1-4　都市と経済圏――ブローデルの歴史観

地中海交易圏への開眼

フェルナン・ブローデルの代表作は一九四九年刊行の『地中海』である。地中海経済圏の変動を詳細に分析した世界的名著で、ブローデルが浩瀚なこの著作に示した歴史観の着想を得たのはドゥブロヴニクの古文書館で古文書解読に没頭していた時期であった［ブローデル 2004a, b, c, d, e］。

ブローデルは博士論文のテーマを中世の地中海世界に決めたあと、地中海沿岸諸都市の古文書館で史料渉猟に着手して一〇年近く過ぎていた。ブラジルのサンパウロ大学に着任し、冬の休暇にはヨーロッパに戻って、史料探索を続けていたが、ヴェネツィアの古文書館には期待したような史料は保存されていなかった。一九三六年の冬、ブローデル夫妻はドゥブロヴニクの古文書館を訪ねた。ドゥブロヴニクの古文書館は街の中央広場に面した昔の税関の建物（スポンザ館）のなかにあった。

ブローデルの好奇心は、ラグーザ（現在のドゥブロヴニク）についての情報に当初はそそられた。それによれば、ラグーザは、ヴェネツィアの支配下にあると見なされていたが、バルカン半島のスラブ人にとって出口として役立つ港を持っているわけで、一六世紀の一大商業中心地になったのである。（中略）ブローデルはラグーザで、ある不思議な人物に歓迎される。後でこの人物にブローデルは大変な賞賛の意を表することになる。著名な天文学者で、当地の古文書係であったトルベルカ氏である。しかしブローデルが発見するものは、見事に彼の期待を越えて、疑いのかけようもない豊かさを待った領域を

開くことになり、ブローデルの研究そのものの方向を変えてゆくことになる。［デックス 2003: 149］

ドゥブロヴニク古文書館の啓示

この古文書館に収蔵されていた史料がいかにすばらしいものであったかは、ブローデル自身が記したラグーザ古文書に関する次の説明からうかがえる。

ラグーザ古文書館は（中略）、我々の地中海理解のためには他のどこよりもはるかに貴重である。他の古文書館と同様に、政治に関する資料が棚にぎっしりと並べられており、（中略）ラグーザの役人は、情勢と需要に従って小麦やラシャ、ビロード、銅、カージーの注文をうける商人でもあったのだ。そのためこれらの書簡にはヴェネツィア人に一般に見られる言葉の調子、ヴェネツィア人がおこなう民衆あるいは位の高い人たちに対する概評はまったくないが、日常的で有益な些細なことが書かれている。もっともラグーザの古文書の重要性はそこにあるのではない。分厚い「Acta Consiliorum」に目を通すだけの根気と時間のある者には、不思議なまでによく保存されてきた、生きている中世都市に出会うチャンスが与えられるのだ。さらに古文書館には、法廷での記録と議論のために保存された、為替手形、勘定書、海上保険、経営参加規約、会社設立、相続、使用人の雇用契約など膨大な量の資料がある。（中略）およそ一五八〇年から一六〇〇年までの時期の「Diversa de Foris」にざっと目を通したため、（中略）これはスペインの羊毛の輸入についての資料であり、（中略）1935 No. 44（一五九〇年一二月二〇日—一五九一年四月二日）は、バルカンルートに向けられたラグーザの商人や輸送業者たちの活動を興味深いやり方で明らかにしている。（ブローデル『地中海』原資料「手稿資料V ラグーザの古文書」、［ブロ

ーデル 2004e: 280–281〕）

ドゥブロヴニクの古文書館は、ブローデルの社会経済観に啓示を与える貴重史料に満ちていた。現代に至るまで幾多の戦乱に巻き込まれたドゥブロヴニクであるが、全く奇跡的なことに、中世以来の古文書がいまも現存されている。古文書館の周辺の歴史的環境も素晴らしいものだった。

過去と現在の融合

古文書解読の合間、ブローデル夫妻は古文書館近くのカフェで休憩した。カフェそのものがドゥブロヴニクの歴史上、重要な建物のなかにあった。一九三六年の冬、そこで過ごした光景を回想し、ブローデル夫人は次のように語っている。

> ある日、私たちはドゥブロヴニクにいました。ドゥブロヴニクの古文書館で仕事をしていたのです。昔のラグーザです。昔の城壁もそっくりそのまま残っていました。町のはずれに港があります。とても小さな港で、その向かい側に軍用船造船所がありました。ご存じでしょうが、一六世紀当時は船やガレー船を引っ張って格納しておいたのです。なぜなら冬には航海できなかったからです。軍用船造船所は丸天井が付いていて、とても小さく見えます。でもそこが大きなカフェになっていました。そのカフェのなかに入ると直接港に面していることになります。丸天井の下にいるわけですが、丸天井は昔のままでした。非常に寒い日で、ボラという北風が吹いていました。港は少し波が立っていました。非常に大きく見える小船が入ってくるのが見えました。薪を積んでいました。船の三倍も高く薪を積んでいました。一月で非常に寒かったから港にはほかには一隻も船がなく、空っぽでした。そこで主人は私をついて

こう言いました。「ほらね、僕たちはいま一六世紀にいるんだよ。」なにかとてつもなく大きくて、昔と同じように建築用の木材とか薪を積んだ船が到着するのを見て、「僕たちはいま一六世紀にいるんだよ」と言ったのです。（聞き手・翻訳：浜名優美、筆者一部修正）［ブローデル 2004e: 405］

このアーセナル（軍用船造船所）は一階が吹き抜けでカフェになっており（現在も同様）、ブローデルはここで気分転換をしていたとき、一六世紀以来、変わることなく連綿と続く光景を見たのである。ブローデルは古文書からドゥブロヴニクの過去を読み解き、眼前の光景から、過去と現在が綯い交ぜになっている地中海を実感した。

三層の歴史的時間構造

ドゥブロヴニクの史料と歴史的環境を基に、ブローデルは三層の「歴史的時間」の着想を得た［ブローデル、P. 2004: 467-469］。歴史的時間の重層性として著作にまとめたのは後年のことであるが、この時期にドゥブロヴニクに行ったことはブローデルの研究人生上、決定的な意味をもった。

ドゥブロヴニクの見事な古文書には一六世紀の海上保険、用船契約、商業通信文、船荷証券が、要するに地中海全体が含まれている。もしあのときドゥブロヴニクに行っていなかったら、あのあとどうしたかはわからない。［デックス 2003: 149］

ブローデルの歴史観の根幹をなす三層の時間構造とは「長期的時間」「中期的時間」「短期的時間」である［ブローデル 2004a, b, c, d, e］。長期的時間は、地形などの環境のようにほぼ変わらないもの、気候など毎年同じように繰り返されて変化のスピードが緩やかなものを見るときの時間的視点である。中期的時間は社会経済的変動を見るときの時間的視点である。短期的時間は、戦争など軍事的事件、政治的事件などを見るときの時間的視点である［浜名 2003: 238］。

「中期的時間」や「短期的時間」は従来から歴史学で行われていた分析視点であるが、「長期的時間」は地学や地形学など長大な時間幅で対象を分析する領域になじんだ視点で、歴史学で通常扱うことがない視点であった。ブローデルの独自性は「長期的時間」がすべての事象の根底にあるという時間概念にある。

ブローデル夫妻が目にした薪を満載した船は「長期的時間」を啓示する光景だった。冬、寒い北風が吹きつける地中海の気候は、昔もいまも変わらず連綿と続くものである。地中海では冬に海戦は行われない。休戦の季節だった。薪が運び込まれる光景は、季節風に影響される冬の営みを示す。長期間持続する環境がすべての事象の根底にあることを示唆するものだった。

「長期的時間」を取り込んだ歴史観で地中海世界を眺めると、「中期的時間」に当たる地中海交易が風土の影響を色濃く反映したものであることに気づき、その特徴について理解が深まる。他交易圏との相違についても思考が深まる。地中海交易圏内での主導権争いや他交易圏との争いで「短期的時間」に当たる海戦が生じた要因についても洞察が深まる。

なぜ戦争が起きるのかという問題について、戦争主導者や戦力に要因を帰す理解にとどまるのではなく、社会経済的要因を掘り下げ、さらに気候風土と結びついた行動様式や思考的特徴など射程の深い考察へ導いてくれる手がかりになるのが重層的な時間概念である。

ブローデルは第二次世界大戦中、一九三九年にフランス軍将校（陸軍砲兵隊中尉）として出征した。

一九四〇年、ドイツ軍捕虜となり、マインツの将校捕虜収容所に収容された。手元に一切の史料がない状況だったが、記憶に刻み込まれた膨大なカードの内容をもとに、捕虜収容中、わずか一年半で浩瀚な『地中海』草稿を書き上げた［ブローデル、P. 2004: 461–465］［デックス 2003: 148–150］。独自の時間概念に基づくスケールの大きな地中海の空間・時間の全体史であり、二〇世紀の卓越した歴史学者の一人とされている。

1-5　都市と資本蓄積様式——ブローデルの資本主義分析

地中海世界と資本の蓄積様式

ブローデルが「中期的時間」の分析対象にしたのが、地中海世界における「資本の蓄積様式」である［ブローデル 2004b, c］。交換経済、資本の流通過程における資本蓄積のメカニズムに焦点をあてた。ブローデルが関心をもったのは、局地的経済圏における交換経済で獲得される小規模の資本ではない。局地的経済圏を超えた広域の経済圏で資本蓄積が効率的に進み、大規模資本が形成されるメカニズムである。地中海世界で大規模資本の蓄積がどのように進展していったのか、そのプロセスを追究した［ブローデル 2004b, c］［ブローデル 2009: 55–56, 70–74］。

社会的諸条件が一定水準に達した範域で「資本の蓄積様式」が機能することにブローデルは着目した。その「経済的まとまり（全体性）」を「世界＝経済（économie-monde）」と表記した［ブローデル 2009: 103–129］。大規模資本が拡大再生産する一定の範域の経済空間のことである［ブローデル 2009: 103］。地中海世界で「世界＝経済」が形成される以前の状況について、ブローデルは次のように述べている［ブローデル編 2000: 67–103］［ブローデル 2009: 18–26］。

> 地中海域では紀元前二〇〇〇年頃から海洋交易が行われていた。広い海域の西部と東部に分かれて交易圏が成立していた。相互の交換は限定的で、古代地中海では局地的市場が分立しており、経済的統一体ではいえない［ブローデル 2009: 103］。

地中海全体を政治的に統一したのはローマ帝国である。支配地域を属州統治し、徴税請負制を敷いた。為政者は政治制度に依拠して属州から「経済的資源」を吸収した。広大な範域を領有した「政治圏」は構築されたが、経済的に各地の市場は分立しており、経済的に統一された空間ではなかった。

ローマ帝国の東西分裂後、東方の領土を引き継ぎ一四五三年まで存続したビザンツ帝国も同様である。支配地域に貢納制度を敷き、徴税担当の官吏を配置して、政治的官僚機構による徴税を実行した。

このように古代地中海世界で行われていたのは、政治的統治に依拠した資源吸収である。「世界＝経済」化ではなかった［ブローデル他 1987: 1-86］。広大な帝国領土に官僚機構を敷いて、政治行政的な徴税制度によって資源を吸収することは効率的ではない。ビザンツ帝国の崩壊後、地中海では政治的統治に依拠せず、資本を効率的に蓄積する様式が追求された。

「世界＝経済」化の原動力になったのは「金融資本」である。担い手は都市有力層の上位商業者層である。遠隔地交易に「金融資本」を投入し、利潤増殖を志向する行動様式を発達させた［ブローデル 2004c: 398］。遠隔地交易による資本蓄積の原理は次のようである。

遠隔地間では特定商品の価格差が大きい。上位商業者層は「金融資本」を投入して特定商品を仕入れ、遠隔地市場へ輸送して利潤を得る。遠隔地間の交易であるため、為替、手形を用いた信用取引が主要な決済手段となる。信用取引が発達した都市にさらに貿易商人が集積し、投資活動が活発化し、大規模な資本が拡大再生産するようになった［ブローデル 2004b: 152–155］。上位商業者層の「金融資本」が推進力となり、遠隔地交易が活発化し、「経済的まとまり（全体性）」すなわち「世界＝経済」化が進んだ［ブローデル 2009: 103］。

地中海経済圏の顕在化

地中海世界の「世界＝経済」化が顕在化するようになったのは、ビザンツ帝国崩壊時期の一四五〇年頃であるという［ブローデル 2004c: 391–405］。ブローデルは地中海域の変化を把握するため、ヴェネツィアなどいくつかの都市を「指標都市」とし、詳細な史料分析を行って変遷の過程を追跡した。ヴェネツィアでは一四五〇年頃から活況が顕著になった。

私がかなり詳しく研究したヴェネツィアでは、私としては次のようなことに驚いた。つまり一四五〇年からの建設と都市美化の重要性、運河の木の橋が石の橋に変わったこと、一四四五年夏に、サンタ・マリア・ディ・ブロリオ教会近くで大きな井戸を掘ったこと、リヴォアルトに新しい柱廊を一四五九年に建設したことである。（中略）「毎日、この町は美しくなっている。少なくとも人々が町の美化を尊重することにしよう」と一四九四年のある文献は記している。［ブローデル 2004c: 395–396］

都市改造の機運が高まり、建設に投資されて経済活動が活発になり、社会が活性化している状況をブローデルは史料から読みとった。

また、ブローデルは各地の古文書館で収集した小麦価格に関する史料をまとめ、地中海域では一四五〇年頃から小麦価格が上昇しはじめ、この状況が一六五〇年まで約二〇〇年間続いているという。

この長期の上昇は基本的に穀物価格の変動をもとにして確かめられる。これが明確な、決定的なデータであることはいささかも疑いの余地がない。（中略）この長い一六世紀の間に、ゆっくりではあるが、すみずみにまで進む値上がりは、物質生活と物質生活によってやしなわれることができたものすべての発展を助長したのである。値上がりは経済のひそかな健康のようなものであった。「一六世紀には、すべての怪我が治る」と、アール・J・ハミルトンはいつか私に語ったことがある。いつも補償するものが現れるのだ。（中略）この隠れた活力は、一六世紀の終わりに、一日にして消え去るのではない。（中略）たぶん一六五〇年以前ではない。［ブローデル 2004c: 394］

社会全体の物価が上昇して、交換経済が活性化されている状況が小麦価格に反映されていた。商品流通が活発になり、投資が拡大し、資本の拡大再生産が機能するようになった。

このように地中海世界では一四五〇年頃から経済成長が顕在化した。小規模の景気の波を数回繰り返しつつ、地中海域「世界＝経済」の好況が一四五〇年から約二〇〇年間続いたという歴史観をブローデルは述べている［ブローデル 2004c: 391–405］。

「世界＝経済」の空間的構成

「世界＝経済」の特徴をブローデルは三点挙げている［ブローデル 2009: 103–129］。一点めは、「世界＝経済」は「地理的範域」が明確で、空間的に実体がある「まとまり」である。境界は「ごくゆっくりとではあれ変化する」［ブローデル 2009: 104］。

二点めは、「世界＝経済」には、「中心」がある。その「中心」を占めるのは卓越した都市国家である。一時的に二つの都市国家が並立しているようにみえても、時間の推移に従って、「中心」は一都市に絞られる［ブローデル 2009: 104］。

三点めは、「世界＝経済」には、「中心」の外側に三つの「連続した地帯」がある。「中心」の周囲には「中心地帯」、その外側に「中間地帯」、さらにその外側に「周辺地帯」がある。「周辺地帯」について次のように説明している。

非常に広大な周辺地帯――「世界＝経済」を特徴づける労働の分割によって、利益を被るよりは、むしろ支配され従属を余儀なくされた周辺地帯――が存在する。［ブローデル 2009: 104–105］

このように卓越した都市国家が「中心」の位置を占め、その周囲に三層の同心円状に諸地帯が布置する理念モデルをブローデルは提示した。

中心都市は「中心地帯」「中間地帯」「周辺地帯」から資本を吸収し、他都市を圧倒する経済力をもつようになる。主要な商取引に適合する資本蓄積様式を発達させ、「世界＝経済」全体を巨大資本蓄積に適した編成にする。

高価なもの、高賃金、銀行、贅沢品、高収益産業、資本主義的農業が現れるのもそこ、遠隔地交易の起点となり終点となり、貴金属や強い通貨や信用状が大量に流れ込んでくるのもそこ、世界＝経済の中心である。［ブローデル 2009: 113］

卓越都市は圧倒的な巨大資本が集積する中心点であった。一方、周辺地帯では資源の収奪が生じた。

世界＝経済の同心円的な広がりの中では、どこでも、勝利した中心から離れるにしたがって恵まれない境遇になってゆくという問題である。（中略）資本主義は、こうした規則的な段階性を糧として成長するのであり、外側の地帯が、中間地帯を、とりわけ中心地帯を養うのである。（中略）周辺は、中心に支配されながら、中心の需要に依存するという、相互性の光景が見える。［ブローデル 2009:113-117］

こうした周辺地帯での人間の生活は、まさに煉獄、いや生き地獄とさえ言い得るようなものだった。［ブローデル 2009:104］

「世界＝経済」は多層的に構成された一定のまとまりを維持する経済空間であった。

ブローデルは固有の経済原理で構造化された経済空間は地中海域のほか、世界各地に点在したが、相互の交換は限定的だったという。

それぞれの経済は広大な辺境地域に遮られ、いくつかの例外を除いて、普通、境界を越えることにほとんど何の利点もなかったからである。ピョートル大帝の時代まで、ロシアはそれ自身、基本的に自立した、こうした世界＝経済の一つであった。広大なトルコ帝国もまた、一八世紀末まで、世界＝経済の一つであった。［ブローデル 2009:106］

アジアにはいくつかの、しっかりと組織化された効率的な世界＝経済が存在していた。中国と日本、インド・マレー諸島ブロック、イスラム世界のことである。（中略）これらの世界＝経済と、ヨーロッパのそれらとの間の関係は表層的なものにすぎず、わずかな贅沢品――特に、胡椒、香辛料、絹――を現金と交換するだけのものであり、全体としての経済から見ればほとんど取るに足らないものでしかなかった。［ブローデル 2009:118］

それぞれの「世界＝経済」体制には消長があった。他の「世界＝経済」の拡張期と重なれば、境界域で紛争が発生した［ブローデル 2004c: 391–405］。

卓越都市と紛争

「世界＝経済」空間で紛争が発生するもう一つの場所は、ほかならぬ「中心」地点である。ブローデルの「世界＝経済」は、時間の経過に従って変化する動態モデルである。「中心」点の卓越都市は不動ではない。経済力が衰退すれば、「中心」点をめぐる紛争が発生し、優勢になった他都市が取って替わる。

ある都市が中心を占めることを「中心化」、経済力を失って中心を維持できなくなることを「脱中心化」、他都市が取って替わることを「再中心化」とブローデルは定義した［ブローデル 2009: 108–119］。「脱中心化」から「再中心化」への移行過程で、「中心」を争奪する紛争が発生する。

地中海域の「世界＝経済」化で最初に「中心」を占めたのはヴェネツィアである。一二〇四年コンスタンティノープル陥落でビザンツ帝国が一時的に消滅した際、ヴェネツィアは帝国領土分割でダルマチアの支配権を手に入れ、地中海域で勢力を拡大させた。周辺都市を支配下に組み込み、効率的な資源蓄積様式を確立し、この時期にドゥブロヴニクはヴェネツィアに支配された。本書ではドゥブロヴニクに起きた出来事をヴェネツィアの卓越都市化プロセスの一局面という視点から読み解いていきたいと思う。

ヴェネツィアは一四世紀に人口減やジェノヴァとの競合で経済力が一時的に衰退したが、一三八〇年代頃からふたたび中心化したとブローデルは述べる。

ヴェネツィアは一四世紀から一六世紀にかけてイタリアで、おそらくヨーロッパ中で、もちろん地中海世界全域の中で最も豊かな都市であった。それというのもこの都市が地中海全域に及ぶ、当時としては最も広域にわたった交易網の核心に位置していたからである。［ブローデル編 2000: 63–66］

地中海全域におよぶ交易網を掌握して、効率的に資本蓄積を進め、ヴェネツィアは「世界＝経済」の中心を占めるに至った。

ヴェネツィアの経済力は一六世紀に退潮傾向が生じ、「脱中心化」した。「再中心化」したのはジェノヴァである［ブローデル 2009: 109, 156］。地中海域における「脱中心化」と「再中心化」の変動は、ドゥブロヴニクにどのように影響したのだろうか。

紛争や戦争は「短期的時間」に当たる。ブローデルは紛争・戦争は二種類に区分できるという。「世界＝経済」内部の戦争と、周辺部・外部での戦争である。

天気がよければ、家族の争いが勝り、天気が悪ければ、異教徒との争いが始まる。［ブローデル 2004c: 402］

「天気」とは経済情勢で、好況、不況のことである。「世界＝経済」好況期には、内部で「中心」争奪の紛争が発生する。不況期には勢力が衰退し、勢力伸長した他の「世界＝経済」と周辺部でぶつかり紛争が発生する。

「短期的時間」に該当する紛争・戦争は、「中期的時間」で変化する社会経済史の一局面である。現代の戦争・紛争を読み解く際にも有用な視点であろう。

1-6　都市と世界システム——ウォーラーステインの資本主義分析

史的システムとしての資本主義

ブローデルの主たる関心は、地中海域の「世界＝経済」化であった。分析の対象にした時期は地中海世界がヨーロッパ経済の中心を占めていた一六五〇年頃まで、時代を下っても一八世紀頃までだった。ブローデルの「世界＝経済」概念を引き継いで、分析の対象時期を現代まで拡大したのが、アメリカの社会経済学者イマニュエル・ウォーラーステインである［浜名 2004: 462］。ウォーラーステイン自身、次のように述べている。

　ブローデルは近世史の歴史家として、つまり主として一六世紀から一八世紀まで、場合によっては一四世紀から一八世紀までの時代を扱う歴史家として鍛えられてきたわけで、現代史の領域にある一八世紀以降へは、いずれにしても、行きません。ブローデルは一八〇〇年以降に足を踏み入れるのをつねにためらっているのです。（中略）私は、一五世紀から現代まで行ってみようというつもりで『近代世界システム』を書きました。［川北編 2001: 47–48］

分析時期の拡大に即して、分析の対象とする空間は地中海を超えて世界規模に広がった。「世界システム論」として社会経済分野において国際的影響力をもつ理論になった。ブローデルの「世界＝経済」概念を基にして、ウォーラーステインが「世界システム論」として昇華させた概念はおおよそ次のようなものである。

ブローデルの「世界＝経済」とは、資本蓄積の経済原理が機能する「経済的まとまり（全体性）」「一定の範域をもった経済空間」のことであった。ウォーラーステインはこの視点を受け継ぎ、「ある原理に基づいて時間・空間的に持続し機能する一定のまとまり（全体性）」を「史的システム」と定義した。「史的システム」には三つの型がある。「ミニシステム（文化、政治、経済原理が統合されて機能するまとまり）」「世界＝帝国（政治、経済原理が統合されて機能するまとまり）」「世界＝経済（経済原理のみが機能するまとまり）」である。ウォーラーステインによれば、「世界＝経済」を実現させた経済原理は「資本主義」しかない［ウォーラーステイン 1981a, b］。

資本主義という経済原理による「一定のまとまりのある全体性」が空間的に拡大して、「世界＝経済」を実現した。現実的に「世界＝経済」とはすなわち資本主義「世界＝経済」であった。ウォーラーステインはこれを「世界システム」と言い表した［ウォーラーステイン 1985］。この「まとまり」に多数の政治的単位、多数の文化、宗教、言語が包摂されるようになった［ウォーラーステイン 2006: 67–71］。

世界システムと垂直的分業

資本主義「世界＝経済」すなわち「世界システム」は、近世ヨーロッパで成立し、近現代に地球全体に拡大した［ウォーラーステイン 2006: 67–71］。資本主義「世界＝経済」は経済だけが「紐帯」のゆるい結びつきである［川北編 2001: 44–48］。「紐帯」とは具体的に何だろうか。

「紐帯」になっているのは経済的「分業」である。「世界システム」内では、諸資源の交換、資本や労働の交換が活発に行われている。大規模な「分業」が「世界システム」内で行われている。無限の資本蓄積を目的にした「大規模な分業体制」が資本主義「世界＝経済」すなわち「世界システム」を成立させている［ウォーラーステイン 1981a, b］［ウォーラーステイン 2006: 67–71］［川北編 2001: 210–216］。

ウォーラーステインはブローデルの「中心・周辺」概念を発展させて、「世界システム」内は「中核・半周辺・周辺」構造になっているとした。中核地域で生産される商品は高度な技術で生産され、付加価値が高い。中核地域のみ生産可能で、生産者の立場は強く、独占価格で販売する。

一方、周辺地域で生産される「周辺的産品」は、他地域との価格競争にさらされる。「周辺的産品」生産者の立場は弱い。「中核的産品」と「周辺的産品」は不等価交換され、中核地域に利潤が集中する。「世界システム」内は、中核地域に周辺地域が経済的に従属しており、大規模な「垂直的分業構造」になっている［ウォーラーステイン 2006: 78–81］。

中核国家とヘゲモニー

ブローデルは「世界＝経済」の中心、「ヘゲモニー（覇権）」について次のように指摘する。一六五〇年まで、地中海域「世界＝経済」においてヘゲモニーを握っていたのは都市国家であった。その後、「世界＝経済」空間が地中海世界を超えて拡大していくと、「ヘゲモニー」主体は国民国家に移行した［ブローデル 2009: 119–129］。

ウォーラーステインはこの視点を受け継ぎ、「世界システム論」で次のように述べる。中核地域と周辺地域の不等価交換は、強権力が後ろ盾になって持続した。近世以降、強権力として機能したのは、国民国家である。ゆえに「中核・半周辺・周辺」の垂直構造は、「中核国家・半周辺国家・周辺国家」という国家単位で構造化された［ウォーラーステイン 2006: 78–81］。

中核地域のなかでも、交換商品を効率的に生産・流通させる様式を発達させた国家が、他国家を圧倒する経済力をもつようになった。中核地域のなかに卓越国家すなわち「ヘゲモニー（覇権）国家」が出現した。実際に「ヘゲモニー国家」になったのはオランダ、イギリス、アメリカである［ウォーラーステイン 1985: 75–77］。

強国のなかの一国が一時的に他のすべての国に対して相対的優位に立ってしまった――この状態をここでは「ヘゲモニー」とよぶことにする――三つの例をみればよくわかる。三つの例とは、一七世紀中頃におけるオランダ（ネーデルラント）のヘゲモニー、一九世紀中葉におけるイギリスのそれ、および二〇世紀中頃におけるアメリカ合衆国のそれである。いずれの場合も、ヘゲモニーが成立したのは、軍事力による征服の試み――ハプスブルク朝によるもの、フランスによるもの、そしてドイツによるもの――が失敗したのちのことであった。それぞれのヘゲモニーはいずれも陸上の戦闘を中心とした、きわめて破壊的な「世界戦争」とでもよぶべきものの刻印を刻みこまれてもいる。つまり、前後三〇年くらいにもおよぶ間歇的な戦闘の期間があり、その時代のすべての軍事大国を巻き込む大戦争があった。一六一八年から四八年にかけての三〇年戦争、一七九二年から一八一五年までのナポレオン戦争、一九一四年から一九四五年に至るまでの二〇世紀の諸戦争、（中略）これらの戦争で勝利を得たのは、いずれも戦争前には本質的に海洋強国であった国だということは銘記しておかなければならない。［ウォーラーステイン 1985: 75–77］

ヘゲモニー国家が他国家より卓越した理由は、金融資本の蓄積が他国より効率的で、かつ農工商業が一定水準に達していたため、産業全体の資本拡大再生産が順調に進み、巨大資本を蓄積できたからである。しかし、効率的な方法は模倣される。とくに卓越国家に次ぐ追随国家は模倣して同一水準にいたることが比較的容易である。後発のため老朽設備は少なく、設備償却コストが抑制できる。卓越国家はヘゲモニーの維持が困難になる［ウォーラーステイン 1985:75–77］。

ナポレオン戦争後に新たなヘゲモニー国家が台頭したことを鑑みると、ナポレオン戦争は世界システム内部に変容が生じていたことの徴候であった。ナポレオン戦争中、ドゥブロヴニクはフランスによって都市国家としての独立を奪われた。ドゥブロヴニクの独立喪失は世界システムが変容しつつあったプロセスの一局面であったといえよう。

1–7　近代国家と紛争——ウォーラーステインの歴史観

中核地域における戦争

一七世紀にオランダが最初のヘゲモニー国家になったのはなぜだろうか。大航海時代が始まり、海洋貿易の範囲が拡大した。地中海沿岸から大西洋沿岸の貿易に重心が移り、取引される商品が画期的に変化した。遠隔地から到来した商品は、中核地域のヨーロッパ市場で高価格で取引され、高利潤を生み出した。

海洋貿易による遠隔地との取引であるため、長距離かつ長期にわたる大航海で安全に輸送できる大型船舶、造船技術、操船技術が必要で、これらを調達できる資本力をもつ国が有利であった。それを実現したのがオランダである。

ネーデルラント北部はバルト海貿易の中心地で、カルヴァン派のプロテスタントが多く、金融資本が発達していた。一六世紀後半にスペインとの独立戦争を経て、一七世紀はじめにオランダとして独立した。金融資本の成長に適する国家体制が形成された。

バルト海貿易の主要交易品の一つは木材である。オランダは木材取引の中心市場であった。造船材料の調達に有利で、造船技術の革新が進んだ。オランダ東インド会社が海洋貿易を担い、効率的な商品交換、利潤獲得を進めた。オランダは金融資本、海上輸送、商品交換のいずれの分野でも他国より優位に立ち、包括的かつ効率的な資本蓄積に集中した［ウォーラーステイン 1981b: 31–47］。

ヘゲモニー国家に浮上できる条件をウォーラーステインは次のように整理している。

> 国家間システムにおける行動の規準を定め、世界＝経済を（生産、流通、金融のすべてにおいて）支配し、最小限の軍事力の行使（ただし保有している軍事力自体はかなりの強さであるが）で自国の政治意志を貫徹し、（後略）［ウォーラーステイン 2006: 144］

「生産、流通、金融」は、「交換（生産）、輸送、金融」と考えると理解しやすい。オランダは造船技術で「輸送」効率を向上させ、バルト海貿易で蓄積した「金融」資本を投入して、東インド会社によって効率的な「交換」のしくみを向上させた。また、オランダは軍事費で消耗する事態を避けることができた。

当初、大西洋貿易で利潤を蓄積したのはスペインであるが、スペインは軍事費で消耗し、「ヘゲモニー」国家になることはできなかった。ウォーラーステインは次のように説明している。

大西洋貿易はまるで嵐のように成長し、その貿易量は一五一〇年から一五五〇年までに八倍になったが、そのうえ、一五五〇年から一六一〇年までにはさらに三倍になった。この貿易の焦点はセビーリャにおける国家独占であり、これがいろいろな意味でスペインの中核をなす官僚組織を形成していた。［ウォーラーステイン 1981b: 6］

スペインは大西洋貿易で資源を蓄積した。スペインは一五世紀末にイスラム勢力からの国土回復を果たした。イスラム支配下にあった期間が長く、封建制は発達していなかった。国王中心に官僚制を強化して国家建設を進めた。封建諸侯に配慮する必要もなかった。国土回復の歴史的経験から、国王は政治権力の拡大を志向した。

貿易が「嵐のように成長した」のに対応して、ヨーロッパにおけるスペインの政治権力もめざましく成長した。一五一九年、カルロス一世がカール五世として神聖ローマ帝位に就き、（中略）ヨーロッパの全政治空間を呑み込む勢いを示した。いまだ幼弱だった「世界経済」は、新たな帝国となるかのように見えた。［ウォーラーステイン 1981b: 7］

スペインは経済原理だけを紐帯とする「世界＝経済」に満足しなかった。政治的統合をめざした。ハプスブルク家が婚姻関係によってヨーロッパで勢力を伸ばし、スペイン王位を継承した。ハプスブルク家は領土拡大を志向し、貿易で獲得した経済的資源を投入した。政治・経済両面の勢力伸長、すなわち「世界＝帝国」を志向したのである。

「ヨーロッパ世界経済」を自らの帝権のもとに組み入れようとしたのはカール五世だけではない。フランスのフランソワ一世も同じことを試みた。（中略）スペイン帝国の「ど真中」に位置したフランスは以後五〇年間わたってに帝国形成を狙う二大強国――ハプスブルク家とヴァロワ家――のあいだの絶えまのない戦争を戦い続けられるだけの国力をもっていた。両家の抗争は、一五五七年、結局双方が疲弊の極に達して終わりをつげ、当分ヨーロッパ全域に及ぶ帝国を形成しようという動きはなくなった。

［ウォーラーステイン 1981b:7］

フランスも政治経済両面で勢力拡大をめざし、ハプスブルク家の神聖ローマ帝国と長期間対立した。両国の資力は帝国拡大の戦費に投入され、軍事費でともに消耗し、三〇年戦争（一六一八～四八年）を経て、神聖ローマ帝国は解体した。

二大強国が経済力を喪失しつつある間に、オランダは包括的な資本蓄積様式を整えた。経済活動に注力し産業全体の活力を向上させた。三〇年戦争が終わった一七世紀半ば、オランダは中核地域で卓越した経済力を有するようになり、「ヘゲモニー（覇権）」を確立した。

周辺地域の植民地化

ハプスブルク家スペインの例が示すことは、経済的資源の蓄積に有利であっても、「世界＝帝国」志向が強いとヘゲモニー確立には至らない。国家間の戦争で戦費に消耗し、経済力を喪失する。一時的に帝国が成立しても、徴税のため官僚制の維持にコストを要し効率的ではない。

オランダのヘゲモニー確立が示すことは、交換経済の対象地域が広域に拡大すると輸送手段が大型化し、諸領域で高度な技術力・能力が必要になる。効率的に資本蓄積を進めるには、「国家」的対応を必要とした。

つまり世界システムで覇権を握るには国家的基盤を必要としたが、帝国志向は効率が悪かった。一七九二年から一八一五年までナポレオン戦争が続いた。ナポレオンは同水準の国々とヨーロッパで交戦したが、決着がつかず多大な軍事費を消耗した。長期化し、ロシア遠征で敗退した［ウォーラーステイン 1985: 75–77］。

世界システム論の視点に立つと、三〇年戦争とナポレオン戦争は次のような点を示唆する。国民国家の強化の延長で「世界＝帝国」化を志向する権力者が出現した。戦争規模は拡大し、軍事費をつぎ込んだ。政治的統合を過度に求めて、軍事費のコストが高まると、世界システムは成立しない。中核地域で同等の戦力保有国との戦争は、長期化に陥り、政治的統合を達成できないうえに、経済力を失う。

近代国家の課題は、国家的基盤に基づき、経済的分業の「中核・周辺」構造を確立して、効率的な資源蓄積様式を確立すること、軍事費への投資を抑制することであった。それは政治的・軍事的に弱体な「周辺地域」に進出して、経済的な垂直構造を形成することを意味した。

イギリスの植民地経営はその典型例である。中核地域の戦争への出費を縮減し、国家的軍事力を後ろ盾に「周辺地域」に進出した。植民地化によって垂直的分業構造を形成し、利潤を吸収した。イギリスがヘゲモニーを確立した要因として、周辺地域への進出、植民地経営による市場確保、安価な原料調達などもある。

世界大戦とヘゲモニー移動

ヘゲモニーを永続させることが難しい理由をウォーラーステインは次のように説明している。

ヘゲモニー大国となるためには、ヘゲモニーの役割を果たす基礎となる生産の効率性を向上させることに集中することが、決定的に重要である。ところが、ヘゲモニーを維持するためには、そのヘゲモニー国家は、（覇権としての）政治的および軍事的役割――いずれも高くつき、消耗が激しい――に資力を分散しなければならない。遅かれ早かれ他の国家が（中略）その経済的効率性を向上させるようになる。それにともなってヘゲモニー国家の政治的な力も失われてくる。すると、そのヘゲモニー国家は、軍事力の行使に踏み切らなくてはならなくなる。そしてその軍事力の行使は、単にヘゲモニーの弱体化の最初の徴候であるばかりでなく、さらなる衰退の原因にもなる。「帝国」的な力の行使は、ヘゲモニー大国の経済的および政治的な土台を掘り崩していく。［ウォーラーステイン 2006: 146］

競合相手との対抗で、ヘゲモニー国家の軍事支出が高まり、経済力減退の要因になるという。イギリスがヘゲモニー国家になった後、追随してきたのはドイツとアメリカである。

中核国家の競合は「周辺地域」における植民地獲得競争を激化させた。市場と原料調達地を確保し、分業体制を強化、経済効率を向上させるためである。アフリカ、アジアが対象になった。ドイツの首相ビスマルクが一八八四～八五年にベルリン会議を主催し、列強によるアフリカ分割の原則を作ったのはその象徴である。

一九世紀末、ドイツは工業生産力を高め、海軍力を強化して植民地獲得を進めた。列強諸国に植民地や勢力圏の再分割を要求し、とくに植民地面積が大きいイギリスと対立が深まった。第一次世界大戦と第二次世界大戦、すなわち二〇世紀の二つの大戦の根幹には「周辺地域」の権益をめぐるドイツとイギリスの対立があった。同盟を結んだ国々を巻き込んだ世界戦争に拡大し、ドイツ、イギリス、その他参戦国は軍事費で経済力を消耗した。

資本主義的生産効率を高めていたアメリカは、後発であったため、国内市場に余裕があり、広大な国土に原料調達地があった。そのため植民地の保有面積は少なかった。二度の大戦期間中、自国内で経済効率を高め、産業を成長させた。軍事費の過度な消耗を避けることができたのである。

二度の大戦を経て、ヘゲモニーを確立したのはアメリカである。第二次世界大戦後のアメリカのめざましい資本主義的発展については言を俟たないであろう。

1–8　現代都市と紛争

反システムと二〇世紀

ウォーラーステインが世界システム論によって提示した重要な概念の一つは「反システム」である。第二次世界大戦後、資本主義経済による世界システムは地球規模に拡大した。多数の国家、民族、文化を包摂するようになったシステムは構造的矛盾をはらみ、多様な反対運動が表出した［ウォーラーステイン 1985: 86–95］。

早い段階の反対運動は、「資本主義」に対するものである。効率性を至上価値とする資本蓄積様式への反対である。「社会主義運動」として表出され、労働者中心の対抗思想を標榜する共産主義が東欧に拡大し、社会主義圏が形成された。また「中核・周辺」の垂直的分業構造に対し、植民地諸国の独立運動が高まった。経済的な従属に対する周辺国の抗議は民族解放運動として表出した［ウォーラーステイン 1985: 86–95]。

ウォーラーステインはこの二つの運動、社会主義運動と民族解放運動は「古い」反システム運動であるという［ウォーラーステイン 2006: 201］。反システム運動の第一段階という意味であろう。世界システムの経済原理、すなわち効率的な資本蓄積に価値をおく規準に対し、国家的枠組に基づいて対抗的な政治原理を示した運動といえよう。

ウォーラーステインは反システム運動の第二段階として「新しい運動」すなわち一九六〇年代後半から顕著になったエコロジー運動やフェミニズム運動を挙げている［川北編 2001: 77–78］。効率を求める資本蓄積様式に対し、身近な生活世界から、生活の全体性をとりもどすことを主張した対抗的な文化運動である。

本書で取り上げるクロアチアのドゥブロヴニクは、一九九一年まで社会主義国ユーゴスラヴィア連邦に属していた。ユーゴスラヴィアから独立する際に生じた戦争で攻撃の対象になった。本書は反システム運動のなかでも、社会主義運動、その国家的形態である社会主義国、共通の政治原理で結束した反システム体制「社会主義圏」にしぼって考察を進める。

反システムとしての社会主義圏

反システム運動の視点から「社会主義圏」の形成と解体について概観しておこう。第二次世界大戦後、ドルを基軸通貨にしたブレトン＝ウッズ体制が構築された。アメリカは基軸通貨ドルでグローバルな金融資本の根幹をおさえ、国際経済が再編された。アメリカが国際経済の覇権を握るヘゲモニー国家であることは名実ともに明らかだった。

一方、東欧では第二次世界大戦中にナチス・ドイツ支配への抵抗の拠りどころとして共産主義が大きな役割を果たした。ソビエト連邦は戦争で甚大な被害を被った東欧地域で、各国共産党の政権掌握を支援し、社会主義圏を拡大させた。アメリカ大統領トルーマンはギリシャ、トルコにも共産主義勢力が拡大することを懸念し、一九四七年トルーマン・ドクトリンを宣言、ソ連封じ込め政策に着手した。

これは経済力が卓越していたヘゲモニー国家アメリカが、「資本主義」対「社会主義」という政治原理の対立で、軍事費に資力を割かれる状況になったことを意味する。資本の蓄積にとっては非効率要因で、停滞局面に入っていくことになる。その後、経済的に卓越したヘゲモニー国家は出現していない。

反システムの理念と矛盾

「資本主義圏」対「社会主義圏」、すなわち東西の対立は経済原理の対立ではなく、本質的に政治原理の対立である。ウォーラーステインは次のように述べている。

われわれは共産主義諸国の崩壊を目のあたりにしました。多くの人にとっては市場の勝利のように映ったかもしれません。しかし、ひとたびブローデル的な概念を発動させれば、はっきりと違う何かが見えてきます。（中略）近代生活から市場を排除することは不可能です。（中略）本物の資本主義の諸力から逃れたことなどいちどとしてなかったのです。市場は、実在する社会主義システムにおいてもさまざまな形でその存在を示してきました。闇市場。社会主義体制では不規則に、しかし常時許可されていたさまざまな小商品。個人のちょっとした交換。そしてより大きなものでは、計画を達成するための操作である産業間の大規模な交換。汚職だってそうです。汚職は広範に広がっていました。一方、独占もまた常にきわめて強力でした。理論上こそ国家それ自体が、生産、通商、金融の唯一の中心を表していましたが、現実はもっと複雑でした。［ウォーラーステイン 2003:165-167］

「社会主義圏」は世界システムから離脱したのではなく、対抗的政治イデオロギーを拠りどころに、世界システム内部で、「資本主義圏」と異なる政治理念の国家集団を形成したとウォーラーステインは述べている。

反システムの意義は資本主義とは異なる理念を提示する点にある。資本主義は資本保有者が効率的に資本蓄積を追求する。資本家中心の理念である。これに対し、反システムとしての社会主義は、生産主体である労働者の視点から生産様式を問い直した。労働者の再生産領域まで含めて持続可能な生産様式を樹立することを政治理念とした。

労働者主体の生産・再生産様式を構築し、適正な資源配分を実行する。社会主義国は労働者が主体になって管理する計画経済を具体的方法とした。計画的かつ大規模に実行するため、それに即した官僚機構が構築された。

実際には計画経済による資源蓄積は非効率的で、官僚機構は機能不全を引き起こした。いくつかの社会主義国が解体した要因について、ウォーラーステインは次のような見解を述べている。

それまであらゆる特権を牛耳っていた、非効率的で、疲れ果てた独占者を入れ替えたいという諸力がありました。国民の拒否は独占の保障者たる国家に対して向けられたのであって、調整器としての国家を排除せよという要求ではありません。［ウォーラーステイン 2003:167］

現実には強権的な上意下達の官僚機構が支配するところとなり、政治的特権層による資源の独占、汚職が生じた。

反システムの政治理念を掲げ、労働者主体の生産・再生産様式が追求されたものの、計画経済は管理的体質を内包しやすく、党議に拘束された官僚機構は硬直化し非効率的であった。反システム運動として社会主義理念を国家的枠組で具現化することは困難な課題だったといえよう。

政治的対立と集団化

反システム運動には拡大傾向がある。大戦前に一定の産業資本家層が成長していた西欧と異なり、東欧は産業資本が未熟だったところにナチス・ドイツ支配による抑圧や戦災で、資本主義的産業基盤は脆弱だった。労働者主体の政治理念が広がる素地があり、第二次世界大戦後の東欧地域に共産主義は受け入れられていった。

ドルを主軸に経済的覇権を握ったアメリカは、ソ連による共産主義拡大を防止するため、一九四七年、トルーマン・ドクトリンに続いてマーシャル・プラン（ヨーロッパ経済復興援助計画）を実行し、西側の中核諸国の復興を支援した。これに対し、一九四九年一月ソ連は東欧諸国とコメコン（COMECON 経済相互援助会議）を創設、経済的な結束を強めた。

当初、「資本主義圏」も「社会主義圏」もそれぞれ戦災復興に必要な資源を融通する経済的支援の共同体だった。「経済復興援助」「経済相互援助」の名称が端的にそれを示している。経済秩序を立て直すという最終目標は、両陣営ともに共通している。しかし、めざす経済秩序が資本家中心の民主的自由経済か、労働者視点の管理された計画経済かという相違点があった。

ウォーラーステインは、覇権国家と追随国家の間で生じた経済秩序をめぐる対立は政治的、軍事的対立に発展すると述べている［ウォーラーステイン 2006: 146］。アメリカ、ソ連は、それぞれが依拠する資源蓄積様式を旗印に、他国の経済復興に投資し、対立を集団化させた。同盟関係は各国の政治を制約し、経済的対立は政治的対立に拡大した。前時代までの対立と決定的に異なるのは、ここに「核」が介在するようになったことである。

軍事的対立と核

一九四九年四月、欧米一二カ国は北大西洋条約機構（ＮＡＴＯ）に調印した。武力攻撃への共同防衛体制である。同年九月、ソ連の核実験成功、核保有が明らかになった。政治的対立は「核の脅威」をはらんだ軍事的対立に発展した。軍事費を抑制し、経済的効率で卓越することはもはや困難になったといえよう。米ソは核開発に巨額の資金を投入し、優位に立つことを競った。

一九五五年、西側諸国は西ドイツの再軍備、ＮＡＴＯ加盟を認めた。拡大するＮＡＴＯに対し、ソ連は東欧諸国とワルシャワ条約機構（東ヨーロッパ相互援助条約）を創設、軍事同盟を結成した。一九六一年、ベルリンの壁が築かれた。ソ連は軍事同盟を結んでいない社会主義国を社会主義圏につなぎとめる戦略を進めた。ユーゴスラヴィア連邦はチトーの主導により独自の社会主義路線を歩み、ワルシャワ条約機構の加盟国ではない。しかし、一九六〇年代前半には関係改善が進み、ユーゴはソ連や東欧諸国と通商協定を結んだ。一九六八年、チェコスロヴァキアでは「プラハの春」とよばれる民主化運動が起きたが、ソ連は軍事介入を実行、軍事的に抑圧した。

軍事的ヘゲモニー

ヨーロッパはNATOとワルシャワ条約機構による軍事ブロックで空間的に分断された。「資本主義圏」対「社会主義圏」は経済・政治・軍事が一体化した対立になった。核保有国を中心にした集団が形成され、相互の安全を保障する国家共同体が構築された［谷口 2000: 5–8］。

各集団内は軍事力に圧倒的な格差があった。これが顕在化したのが一九六八年、核拡散防止条約（核兵器の不拡散に関する条約）の調印である。核保有国と非保有国が明確に区分された。核保有国はアメリカ、イギリス、フランス、ソ連、中国の五カ国である。非保有国は自国の安全保障を求めて、核保有国の傘下に入らざるを得ない。「資本主義圏」と「社会主義圏」の二つの軍事ブロックがある状況下、条約発効は「世界中の国々にどちらかの核の傘に入るようによびかけ」、選択を迫ることになった［谷口 2000: 10–14］。

「資本主義圏」と「社会主義圏」それぞれの中心を「核保有国」が占め、「保有国」と「非保有国」の区分によって軍事的「中核・周辺」構造が固定された。二〇世紀後半、世界システム内に顕現したのは、政治理念で分断された二つの軍事ブロックで、核保有国が軍事・政治・経済一体で卓越した準ヘゲモニー国家として位置している状況だったといえよう。

NATOの場合は、核保有国は米英仏の三国であったことから、「協議」が尊重された。国際政治史の視点からNATOについて次のように述べられている。

一般にＮＡＴＯは軍事機構として位置づけられているが、条約には政治協力や経済協力も謳っており、広範な次元での同盟としての性格を有している。（中略）ＮＡＴＯは米欧諸国が共同行動をとるための共通の価値や規範を育成する場所、すなわち米欧「安全保障共同体」の象徴的な存在となっていた。（中略）米欧関係全体でみると、軍事だけでなく政治・経済分野など様々な領域を含むことから「多元的安全保障共同体」とも呼ばれた。「われわれ感覚・意識」「平和的解決のための相互信頼とその期待」というような共同体的な発想が不可欠だという主張である。［渡邊 2018: 39–40］

二〇世紀、二一世紀の国際環境の変化に即してＮＡＴＯの役割や評価は変化したが、設立の根幹に資本主義国が尊重する自由で民主的な価値観が投影されていることは注目すべきであろう。規範や価値観の共有が可能な国々によって設立されたＮＡＴＯの精神として、事前の話し合いすなわち「協議」が安全保障協力に不可欠の手続きとして尊重され慣習化された［渡邊 2018: 40］。

反システム解体と紛争

これに対して社会主義圏は、実質的にソ連一国が軍事的へゲモニー国家であった。スターリン独裁、東ドイツのベルリンの壁、チェコ「プラハの春」への軍事介入などにみられるように、強権的圧力の発動を辞さない構造が社会主義圏に内在していた。ＮＡＴＯの「協議の慣習」にみられるように、資本主義圏が規範や価値観を共有し、民主的運営を原則にしていたのとは異質な構造である。社会主義圏の縮小を警戒し、軍事的圧力によって空間的範域を維持してきた歴史があった。強権的な官僚機構で計画経済を管理する国家体制と相似する面があったといえるだろう。

ＮＡＴＯと対峙する社会主義圏にとって、空間的範域の縮小は安全保障を脅かす。軍事的に弱小な周辺地域が経済的非効率を打開するため、社会主義圏から離脱しようとしたとき、中核に集積していた高性能の軍事力が、周辺地域に対して向けられた。都市は攻撃の対象になった。究極の軍事的威圧は「核の脅威」である。

　世界システムの視点に基づくと、現代社会において都市への攻撃が生じるパターンの一つを次のようにまとめることができる。「社会主義圏」は反システム運動として労働者主体の政治理念を掲げた点で独自性があった。しかし、現実には硬直化した官僚機構が経済活動の主体となり、経済的実効性を示すことはできなかった。政治理念の形骸化は政治不信につながった。一九八九年、ベルリンの壁が崩壊し、一九九一年にソ連が解体した。政治的求心力は消失した。

　政治理念は曖昧になったが、官僚機構は存続し、経済活動は続いている。官僚機構の存続のため、代替の求心力が必要とされる。アイデンティティの根拠として「民族」的価値が強調される。社会主義圏は民族的に多様である。解放を求める側も、抑圧する側も「民族」的価値は理念としてわかりやすい。双方とも「民族」を拠りどころとする。

　揺らいでいる官僚機構にとって軍事力はもう一つの拠りどころである。「核保有」は軍事的威圧として効果がある。反システム体制「社会主義圏」は縮小局面にあるが、「核」を後ろ盾に軍事力で存在を示威する。安全保障の脆弱な周辺地域に対し、軍事力で威嚇し、都市が攻撃される。

都市と攻防戦への視角

本章でたどってきた先行研究の知見をふまえ、歴史的視点から都市攻防戦が生じる要因を整理すると、次のような見取り図を得ることができる。

ウェーバーやブローデルが述べるように、都市の本質は「市場」「資源の集積地」である。市場には局地的市場と遠隔地市場がある。都市共同体は局地的市場を運営するための基幹的機能を維持するように構造化されている。都市攻防戦で守り抜くものの本質は、このような都市共同体の性格に深く根ざしている。

資本蓄積の方法として、局地的市場に関わる経済活動のみでは蓄積の規模は小さい。資本の拡大を志向する場合、金融資本によって遠隔地市場に連結することが重要である。遠隔地市場の連結は、交易ネットワークを形成し、効率的な資本増殖が可能になった。ブローデルはこれを資本主義原理による「世界＝経済」圏とよび、ウォーラーステインは「世界システム」という概念に昇華させた。

世界システムの内部は「中核・周辺」構造に編成されている。無限の資本蓄積を指向する経済活動によって、世界システムは空間的範域を拡張させた。周辺部または外部で異なる原理の世界システムと衝突、紛争を発生させた。

中核地域の中心を占めるのは経済的に卓越した「ヘゲモニー」である。ヘゲモニー主体になったのは、中世までは都市国家、近世以降は国民国家であった。経済的に卓越する過程で、他を勢力下に組み込む際に紛争を発生させた。

「ヘゲモニー」が確立すると、卓越主体と追随主体の間で政治的対立、軍事的対立が発生した。「中核」地域が戦場になって都市攻防戦が生じ、「周辺」地域でも代理戦争が起きた。

現代では「世界システム」は地球規模で広がり、大規模な分業構造によって経済的な相互依存が深まった。多様な国家を包摂し、政治理念の違いから軍事ブロックが形成され、対立、紛争が深刻化した。強権的な構造の軍事ブロックから離脱を図った際に、軍事的威圧を受けることが生じている。「核」保有による安全保障を後ろ盾にしているため、軍事ブロックが解体することは望めない。軍事費の抑制こそが「世界システム」拡大の要だったが、軍事費に一定の資力を割くことが不可避の状況に陥っている。現在は軍事リスクと経済的分業・結合のバランスを模索する時代となり、「経済的卓越」は難しい。「世界システム」に包摂されている各国民国家は、一定の経済効率を維持することを国民に求められている。しかし、国内に「経済的卓越」層が形成され、持てる者と持たざる者の格差が無制限に拡大すると自壊に至る。格差拡大を抑制する対策が必要であるが、資本蓄積を根本理念とする「世界システム」で格差を完全に解消するのは難しい。ウェーバーが指摘したようにヨーロッパ中世「都市共同体」は、経済的価値追求とは別の価値体系を並立させていた。宗教的シンボルの守護聖人のもとで「信義」を誓い、「仲間」の盟約を結んだ。宗教体系によって「都市共同体」の結合力を維持した。

現代と歴史都市——分業と結合と生命線

経済的分業と相互依存が深化するなか、現代の私たちは戦火が止まない現実に直面している。分業と結合の様相がグローバルな経済、政治、軍事の動きに影響されて変転し続けるなか、自分はどのような場所に居り、何が「生命線」になっているのだろうか。百年後も二百年後も、自分がいま居るこの場所が同じような社会的環境を保っていられるのだろうか。本書では「歴史都市」として「復活」してきたドゥブロヴニクを手がかりに、中世から現代に至るまでドゥブロヴニク「死守」の要となった「生命線」について考えてみたい。

現代の私たちにとって「生命線」は重要なメタファーとなる。複雑化し相互依存が深まる世界に思いがけない陥穽があり、かけがえのない多くの人命が失われ、高い代償を払う状況に現代社会は直面している。物理的生命線、精神的生命線、自分がいま居るこの場所は、これまで何が「生命線」だったのだろうか。本書は「ドゥブロヴニク」や守護聖人「ヴラホ」の存在を通して、現代世界がかかえる問題を掘り下げて考え、思索を積み重ねる一助になることをめざしたいと思う。

第2章　アドリア海ダルマチアの都市

❖水先案内――定住地から市場へ

都市の本質は「市場」であるが、それ以前にまず「定住地」として一定の人口が持続して暮らせるようにならなければいけない。安定して生活できる条件や環境が整うことが必要である。ドゥブロヴニクの場合、いつ頃安定した「定住地」となり、どのようにして「市場」の機能を整えていったのだろうか。

ブローデルによれば、古代地中海世界に出現したローマ帝国、ビザンツ帝国は政治的な統一体で、広大な帝国領土に「政治圏」が構築された。しかし、各地の局地的市場は分立しており、経済的に統一された空間があったわけではない。帝国は支配地域から徴税・貢納など、行政機構を通して資源を吸収した。地中海世界に経済的な統一体、すなわち「世界＝経済」が形成されたのはビザンツ帝国崩壊後である［ブローデル 2009:103］。

また、ローマ帝国は四世紀にキリスト教を国教化した。ローマ帝国の東西分裂後、ビザンツ帝国は東方領土、キリスト教信

アドリア海にうかぶ岩礁に立つ十字架を望む（筆者撮影）

仰を引き継いだ。つまり、ビザンツ帝国が領有した範域に統一的された「政治圏」「宗教圏」はあったものの、統一的な「経済圏」は未成熟であった。

現在のドゥブロヴニクの場所に「定住地」が形成され「市場」として発達することができたのは、ビザンツ帝国の「政治圏」、ローマ教皇庁の「宗教圏」の保護下に入り、存続の保障を得たことによる。

ドゥブロヴニクは定住地からどのように局地的市場の形態を整え、さらに遠隔地交易圏の市場に連結していったのだろうか。また、地中海世界で資本蓄積の効率化を追求する「世界＝経済」はどのように広がっていったのだろうか。

2-1　ローマ帝国とダルマチア

ローマ人の集住地

ドゥブロヴニクが位置しているアドリア海沿岸一帯は、古くはローマ帝国の領土の一部であった。初代皇帝アウグストゥス（オクタヴィアヌス）の時代に皇帝属州の一つに定められ（紀元前二七年頃）、ダルマチアと称された。もともとこの沿岸部一帯にはイリュリア人とよばれる部族が先住していた。そこへローマ人が入植し、町を形成していったのである［Carter 1972: 32–39］。

ダルマチアはアドリア海沿岸に沿った南北に長い属州で、ディオクレティアヌス帝の時代に（在位二八四～三〇五年）、属州の統治方法は再編され、ダルマチアは北と南に分けて管理されるようになった。

属州行政を管理する総督府がおかれたのはなかほどにあるスプリットという町である。ディオクレティアヌス帝はダルマチアの出身で、退位後、数年間をスプリットに設けた宮殿で過ごし、ここで亡くなった［Carter 1972: 32–39］。

三一三年、ローマ皇帝コンスタンティヌス一世はミラノ勅令を発布し、帝国内でキリスト教が公認されるようになった。続いて三九二年、テオドシウス帝の時代にキリスト教は国教化された。ダルマチア各地のローマ人入植地にも教会が建てられるようになった。

ローマ帝国が東西に分裂すると、ダルマチアは西ローマ帝国に属することになった。とはいえ、ダルマチア南部は東ローマ帝国の領土に接している。ダルマチアは東西の境界域にあり、双方の影響を受ける地域になった。

ダルマチア南部にローマ人の集住地でエピダウルス（Epidauros, Epidaurum）という町があった［Begovic & Schrunk 2003: 95–112］。六世紀末、ここにも教会があった［Puljić 2018: 36–45］。考古学的研究に基いて、エピダウルスがあったのは、現在のドゥブロヴニクから南東へ一五キロほどの沿岸部とされている。現在はツヴァタット（Cavtat）という町があり、ローマ人の集住を示す考古学的史料が出土している［Carter 1972: 40］。

民族大移動とダルマチア

四世紀後半、ゲルマン民族の大移動が始まり、連鎖して起きた諸民族の移動は東西ローマ帝国の領土を脅かした。四七六年、西ローマ帝国はオドアケルによって滅ぼされた。その後、イタリア半島に東ゴート王国が成立すると（四九七年に東ローマ帝国によって認可）、ダルマチアはその支配下に組み込まれた［Carter 1972: 32–39］。

六世紀になると、東ローマ帝国皇帝ユスティニアヌス一世の時代に（在位五二七～五六五年）、かつての西ローマ帝国領の一部が奪還された。ダルマチアもこのとき東ローマ帝国領に一時復した（以下、ビザンツ帝国と表記する）。このようにダルマチアは古くから東西の情勢に揺さぶられてきた地域である。

スラブ民族のバルカン半島への移動も活発化した。ダルマチアにあったローマ人の町はスラブ人の侵攻を受けるようになった。ローマ教皇庁は六世紀末、沿岸部のサローナという町に司教座をおいていた。ローマ教皇グレゴリウス一世は在位中に（五九〇～六〇四年）、サローナの司教に親書を送っている。ダルマチアにあるローマ人の町がスラブ人によって脅かされている状況を憂慮し、このときローマ人によって維持されている町としてエピダウルスなどの名を挙げている［Škegro 2007: 283–302］。教皇の親書は七世紀初頭に、エピダウルスがまだ命脈を保っていたことを示す。しかし、これ以降、エピダウルスの町の存続を示す資料はなく、スラブ人に侵攻されたと推測されている［Carter 1972: 32–39］。

ビザンツ帝国とテマ制

その後、ダルマチアのローマ人集住地について言及しているのは、三五〇年ほどのち、ビザンツ皇帝コンスタンティノス七世ポルフュロゲネトス（在位九四五～九五九年）が九五〇年頃に記したとされる『帝国統治論（*De administrando imperio*）』という書物である。

当時、ビザンツ帝国（東ローマ帝国）は勢力範囲の地域にテマ（thema）をおいて管理するようになっていた。テマとは軍管区のことで、一定の範域ごとに設置し、軍司令官に防衛を担当させたほか、行政も監督させた。テマ制とはこのように軍管区と行政管区を統括して軍司令官に管理させた制度のことである。諸民族と戦いつつ、ビザンツ帝国は七～九世紀にかけて徐々にテマの数を増やしていった。テマ制がある程度まで整ったのはおおよそ九世紀末といわれる［中谷 1987］。

アドリア海沿岸部には、ダルマチアとドゥラキウムという二つのテマがおかれていた。ダルマチアのテマ軍司令官が本拠地にしたのは沿岸部のザダルという町である［Curta 2009: 267］。

コンスタンティノス七世『帝国統治論』はダルマチアに関して、「ラグーザ（Ragusa）」という町があることを述べ、おおよそ次のような内容を記している［Carter 1972: 32–39］［Harris 2003: 23–24］。

ダルマチア沿岸部にある「ラグーザ（Ragusa）」は、スラブ人の侵攻をうけて逃れてきたローマ人たちが作った町で、断崖の地形を利用して小さな城砦を築いた。人口が徐々に増え、町のまわりに城壁をめぐらすようになっている。

このように一〇世紀には城壁をもつローマ人の町「ラグーザ」があることが知られるようになっていた。

ドゥブロヴニクの起源と伝承

コンスタンティノス七世『帝国統治論』に述べられた「ラグーザ」が現在のドゥブロヴニクの原型と考えられている。ローマ人たちがどこから逃れてきたかについて確かな史料があるわけではないが、ローマ人の町エピダウルスが消滅していることから、近くにあったエピダウルスからの避難者が「ラグー

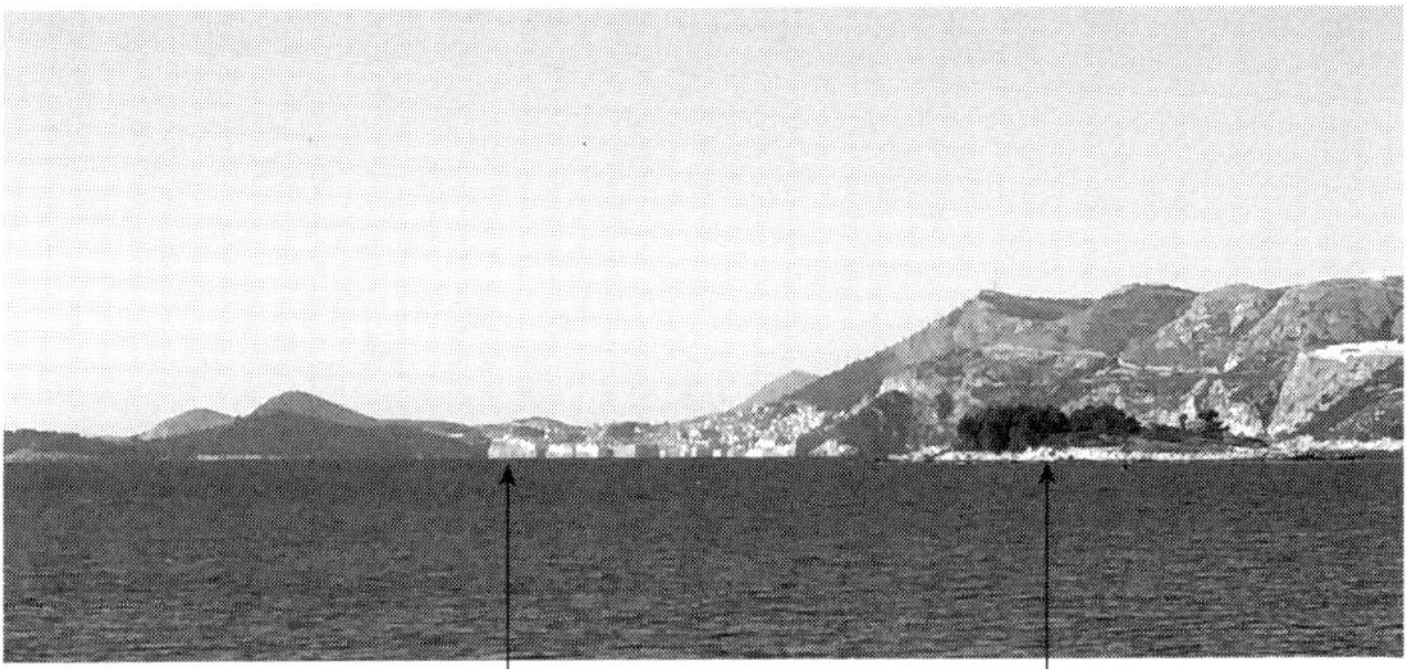

図表2-1　ツヴァタットの町からドゥブロヴニクを望む
（筆者撮影）

ザ」建設の中心になったと推測されている［Carter 1972: 32–39］［Harris 2003: 21–29］。

かつてエピダウルスがあったといわれる場所には、現在はツヴァタット（Cavtat）という町がある。図表2-1はツヴァタットの町から、海上を望み、ドゥブロヴニクを撮ったものである。ドゥブロヴニクが視野に入るので逃げ込むことが可能だったかもしれないと思わせる。

近年の地質学的研究や考古学的研究に基づくと、現在ドゥブロヴニクがある場所はもともと半島のように海に突き出た地形で、半島の地盤は岩礁で屹立し、海側は断崖になっていた。半島の内側から本土へかけて深くえぐれた入江で船の停泊に適していた［Peković & Babić 2017: 1–63］（図表2-2）。

考古学的調査では、紀元前から半島に人が暮らしていたことを示す出土品が発掘されている。海側は断崖であり、半島の付け根は狭く、半島側に暮らしていれば、敵に襲われたときも防衛に都合が良い。ふだんは本土側で水を入手することが可能なので、逃れてきたローマ人たちが住みつくようになったのだろうと考えられている［Harris 2003: 21–29］［Rapanić

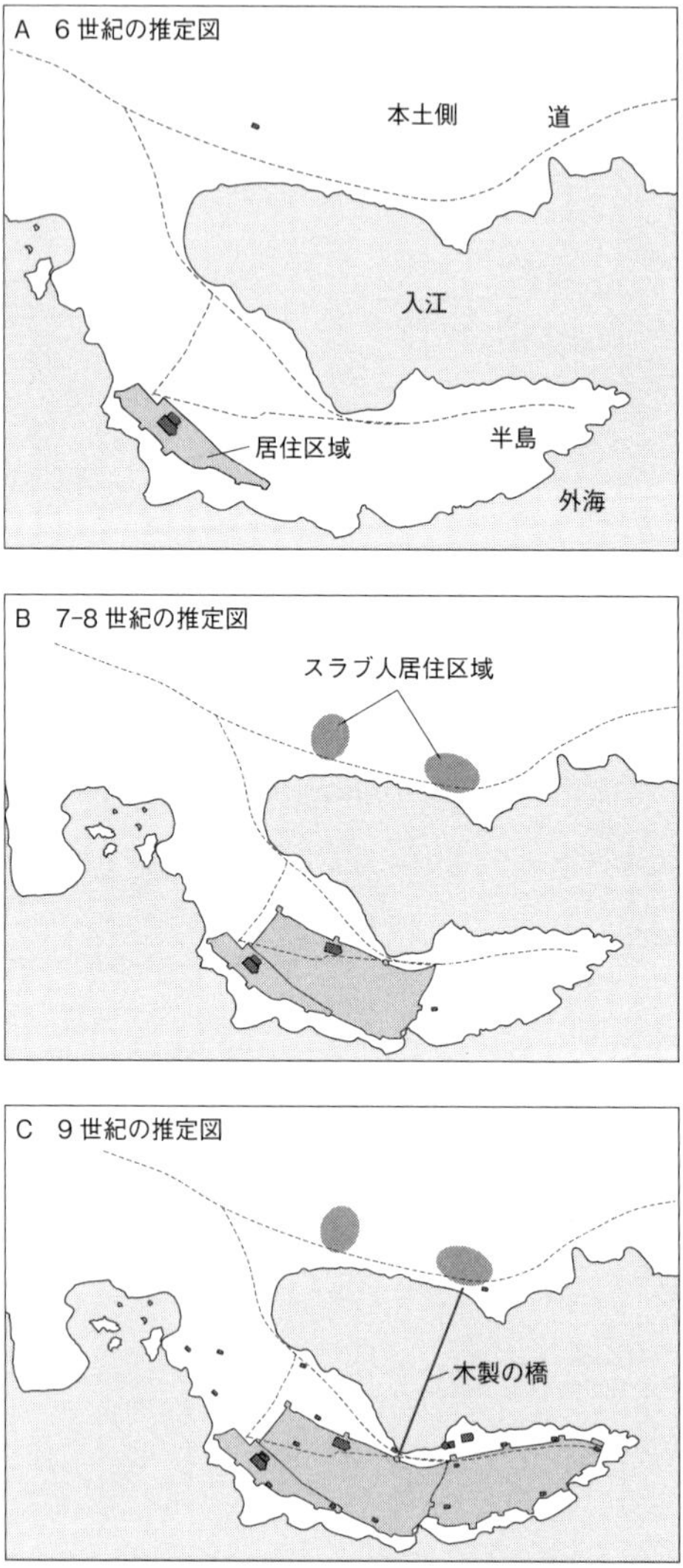

図表2-2　ドゥブロヴニクの形成過程

出典：[Peković & Babić, 2017: 4-5]

2013]。

このように海に向かって難を逃れ、町を作ったという伝承をもつのはドゥブロヴニクだけではない。たとえばヴェネツィアは、異民族の侵攻をうけて、浅い海の沼沢地帯に逃げ込んだローマ人が、点在する干潟を生かして町を作りあげたとされる。ドゥブロヴニクも同様に海際にそそりたつ岩礁まで逃げこみ、城砦と城壁をもつ町ができたと伝えられてきた。

七世紀はじめにあったという「エピダウルス」は三五〇年余の間に消えた。しかし、一〇世紀には、城砦・城壁をもつローマ人の町「ラグーザ」があった。考古学的調査に基づくと、図表２-２に示したように半島部分に作られたローマ人の居住区域は徐々に拡大し、本土側にはスラブ人の居住区域が二カ所あった［Peković & Babić 2017: 1-63］。本土に面して木材と石を使った防護壁が作られ、コンスタンティノス七世『帝国統治論』に記述されたのはこのような状態の「ラグーザ」であったと考えられている。

「ラグーザ（Ragusa）」は「崖」を意味するギリシア語を語源とし、ラテン系言語でこの町を表記するときに使われた［Kravar 1994］。「ドゥブロヴニク」はスラブ系言語による呼称・表記である。一二世紀以降、諸史料にはどちらも使われ、ここに住む人々を「ラグーザ人（Ragusanian）」と記している例もある。歴史的に両方が併用されてきたため、判然と書き分けるのは難しい。本書では「ドゥブロヴニク」の表記を基本的に用い、適宜「ラグーザ」の語も用いて、両方併用で書き進めることとする。

2-2　ビザンツ帝国の海洋都市

ローマ人の町「ラグーザ」

ビザンツ帝国のテマになっていたダルマチアでは、諸都市はビザンツ帝国の定めるところに従って貢納金を納めることが課せられていた。宗主国と認めて、各都市が貢納金の責務を果たしていれば、コンスタンティノープルから遠方にあり軍司令官に管理させているダルマチア諸都市に過度の負担が課されることはなかった［Krekić 1972 = 1990: 14-25］。「ラグーザ」も当初は貢納金をテマの軍司令官（ストラテーゴス strategos）に納めていた［Harris 2003: 34］。

ダルマチアにはスラブ人も集住するようになっており、ビザンツ帝国とスラブ人支配者の間で約定が成立し、毎年一定の金額をスラブ側に納めれば、ローマ人がスラブ人と共存することが可能になっていた。ビザンツ帝国の指示で、「ラグーザ」は貢納金相当額をスラブ人支配者に納めるようになった［Harris 2003: 34］。

このようにビザンツ帝国を宗主国と認め、スラブ人との約定を果たしていれば、ローマ人が「ラグーザ」を自治的に運営し、都市として発展させることが可能な状況になっていた。スラブ人も混住するようになり、「ドゥブロヴニク」というスラブ系の呼称も使われるようになった。「ラグーザ」がビザンツ帝国を宗主国とする状況は基本的に一二〇四年まで続いた（一二〇四年にビザンツ帝国は第四回十字軍によって首都コンスタンティノープルを包囲され陥落、一時消滅した）。

ローマ教皇庁の司教座都市

一一世紀前半のドゥブロヴニクの状況を知る信頼性の高い史料は、一〇二二年に発せられたローマ教皇ベネディクト八世の勅書である。ドゥブロヴニクに大司教座をおくことを通達した文書で、現在もドゥブロヴニクの古文書館に保存されている。大司教座がおかれていることから、この頃までには自治的に都市を運営するしくみが一定程度整っていたと推測されている［Harris 2003］。居住区域も図表2-3のように半島上に広がり、本土側のスラブ人区域との間には木造の橋がかかっていたと推定されている［Peković & Babić 2017: 1-63］。

ローマ教皇庁が司教座をおく都市を変更することはしばしばあった。ドゥブロヴニクの大司教座も一時他の土地へ移ったが、一一二〇年にまた大司教座が復活した。ドゥブロヴニクはローマ教皇庁がダルマチアで足場を確保しておく拠点にした町の一つであった。

以上のように、一一世紀のドゥブロヴニクは政治的にはビザンツ帝国を宗主国として貢納金を納め、宗教的にはローマ教皇庁を指導者と仰ぐ町であった。空間構造的には居住区域が拡大して人口が増加し、社会構造的には自治的な都市運営が機能していたと推測されている［Krekić 1972＝1990: 15］。

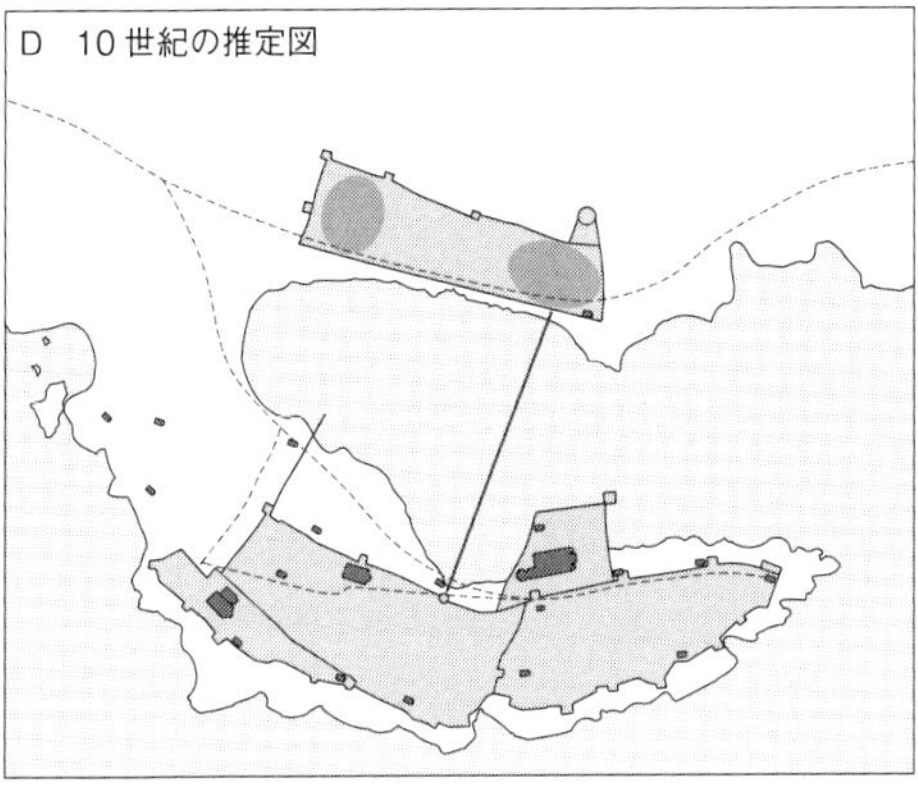

図表 2-3　ドゥブロヴニクの形成

出典：［Peković & Babić, 2017: 5］

海上からの脅威

一一世紀になると、同じくビザンツ帝国を宗主国とするヴェネツィア共和国がアドリア海で勢力を伸長させて、航路の中継地点を確保すべく沿岸の諸都市に強く迫るようになった。海上からの脅威が増し、ドゥブロヴニクも一時期、ヴェネツィアの圧力に屈した。

さらに一一世紀後半になると、アドリア海でノルマン人、ビザンツ帝国、ヴェネツィア共和国の三つどもえの抗争が生じた。南イタリアを征服したノルマン人がアドリア海に進出してビザンツ帝国を侵攻した。ビザンツ皇帝は一〇八一年にヴェネツィア共和国に援助を求めた。ヴェネツィアは有力な艦隊を擁していたのである。ドゥブロヴニクも抗争に巻き込まれ、一時期、ノルマン人に支配された［Krekić 1972＝1990: 14–25］。ビザンツ皇帝の要請を受けたヴェネツィア艦隊はノルマン人と交戦して勝利をおさめた。勲功の見返りにヴェネツィアはビザンツ帝国から帝国領内で自由に通商する特権を得た。これはヴェネツィアがアドリア海で覇権を確立して航路の安全や補給地を確保し、地中海に貿易網を拡大する足がかりになった。

一一世紀後半、アドリア海ではこのように強国の間で激しい攻防が繰り広げられるようになった。沿岸の一都市にすぎないドゥブロヴニクは強国間の勢力争いに揺さぶられたが、ビザンツ帝国を宗主とする状況は基本的に一二〇四年のコンスタンティノープル陥落まで続いた［Krekić 1972＝1990: 14–25］［Carter 1972: 32–39］［Harris 2003: 21–29］。

一二世紀の交易都市

ドゥブロヴニクはビザンツ帝国の保護下で通商網を広げていった。そのようなプロセスを示しているのが一二世紀に各地と結んだ通商・交易の約定である。現存している締結の文書には、一一六九年に結んだピサとの約定、一一八六年にバルカン内陸で勢力を伸長させていたセルビアの大ジュパン（部族長）ステファン・ネマニァとの約定、一一八九年にボスニアのバン（総督）クリンとの約定などがある。クリンとの約定にはドゥブロヴニクという語が使用されている［Harris 2003］。各地との締結の内容は、当該地域における移動や交易、税に関する協定等で、一二世紀後半にラグーザ人はイタリア半島の都市やバルカン内陸部で活発な交易活動を行っていた。

これら各地との約定は、一二世紀後半にドゥブロヴニクでは自治的な行政機能が一定の段階まで成長していたことを示す。この時期に「コムーネ（comune）」を称するようになっており、貴族層が存在して代表者を選出し、各地と約定を結んだ。代表者には補佐役がいて、助言の組織もあった［Krekić 1972 = 1990: 24］［Harris 2003: 39–40］。

「コムーネ（comune）」とは「自治的に運営される共同体」のことを意味し、中世のイタリア半島北部・中部においては一一世紀頃から自治的に運営される都市、すなわち「都市コムーネ」が出現するようになった。「都市を運営する自治的組織」コムーネを形成するプロセスや、コムーネと自称・他称するようになる契機は各都市によって千差万別である。交易に従事する大商人層が都市コムーネ形成の原動力になることもあった。代表者の選出方法もさまざまで共和政、寡頭政、独裁政などがあった。有力になったコムーネは周辺地域（村落・都市）を領有し、都市国家に発展していった［森 1976a, b, c, d］［清水 1975］［高田 1995］。ヴェネツィアの場合は貴族によって法令で定めた手続きに従って政治・行政組織が運営される貴族共和制の政体であった。

ドゥブロヴニクは一二世紀後半にピサをはじめとするイタリア各地（アンコーナ、ファーノ）の都市コムーネと交易上の締結を取り交わした［Krekić 1972 = 1990: 21–30］。このような交易活動を通して、「都市コムーネ」としての自覚的成長が促進されたと考えられる。

このようにドゥブロヴニクは一二世紀後半に「都市コムーネ」として成長しつつあった［Carter 1972: 32–39］［Harris 2003: 39–40］［Pešorda-Vardić 2006］。経済面ではアドリア海の航路を利用して海上貿易の範囲を広げ、バルカン内陸への陸路を利用して陸上貿易の足場を固めていった。「都市コムーネ」として、海上貿易と陸上貿易を仲介する中継地点として都市を発展させる方向に徐々に進んでいったといえよう。

2-3　ヴェネツィア支配下のドゥブロヴニク

アドリア海の艦隊

第四回十字軍はフランスの諸侯を中心に結成され、ヴェネツィア共和国に協力を要請し、一二〇二年にヴェネツィア艦隊を加えて聖地へ向かって出発した。進軍の途中でビザンツ帝国の皇子が帝位を簒奪されたことを理由に、奪還に協力することを要請してきた。十字軍はこれを受け入れ、行き先をビザンツ帝国の首都コンスタンティノープルに変えて、攻略する展開になった。一二〇四年、首都コンスタンティノープルは陥落した。第四回十字軍によって新たにラテン帝国皇帝が選出され、ビザンツ帝国は一時的に消滅した。

ビザンツ帝国の領土は分割され、ヴェネツィア共和国はビザンツ帝国領の八分の三を領有することになった。そのなかにはダルマチアが含まれていた。ヴェネツィアはかねてよりアドリア海で覇権を確立し、東方貿易への航路の安全と利便性を高めることを企図していたので、ダルマチア諸都市を掌握する権利を得たことは絶好の機会になった。

ヴェネツィア領に分割されたとはいえ、ダルマチア諸都市がすぐにヴェネツィア共和国を宗主国として受け入れ、従うわけではない。一二〇五年にかけてヴェネツィア艦隊は沿岸諸都市に迫り、次々と配下におさめていった。ドゥブロヴニクも海上からヴェネツィア艦隊に包囲され、服従することを余儀なくされた。これ以降、ドゥブロヴニクにはヴェネツィアの伯（Count）が派遣されて、行政長官として政治体制の最高位に就くことになった（以下、行政長官と表記する）。ヴェネツィア共和国を宗主国とする政治体制は一三五八年まで続いた［Carter 1972: 84–133］。

ヴェネツィアへの服従

ヴェネツィアによる統治が始まり、当初二〇年間はヴェネツィアのドゥブロヴニクに対する管理は厳しいものではなかった。変転したのは一二二六年である。この年、ヴェネツィアはドゥブロヴニクに対し、六月二九日の「聖ペテロと聖パウロの祝日」までにドゥブロヴニク貴族層の各家から人質二〇人を出し、ヴェネツィアへ送りこむように要求してきた。期日までに人質はあらわれなかった。一〇月、ヴェネツィアは制裁として、さらに上回る数の人質を要求してきた［Harris 2003: 46–61］。

この出来事はヴェネツィアの強圧に対し、「都市コムーネ」としてのドゥブロヴニクが唯々諾々と服従するわけではなく、ヴェネツィア共和国との間に確執が起きていたことを物語る。他のヴェネツィア支配地域でも同様の例があり、たとえば第四回十字軍による帝国領分割でドゥブロヴニクと同じようにヴェネツィア領に組み込まれたクレタ島ではヴェネツィアに対する反乱がたびたび起きていた［和栗2009］。

支配している強国の要求が過度になることもあれば、他民族に侵攻される可能性もあった。さまざまな状況に備えて、共同防衛の城壁・城砦は不可欠のものであったといえよう。

艦隊の中継基地

ヴェネツィア本国から派遣される行政長官は複数の補佐役をともなって着任した。とはいえ、ドゥブロヴニクにヴェネツィア人が入植したわけではなく、行政長官の役割はドゥブロヴニク貴族層の上位にたって、定められた規定を遵守させ、監督することにあった。ヴェネツィア共和国が優先したのは自国にとって利益がある東方貿易の航路・通商の安全である。規定通りに統治されていれば、行政長官の監督下でドゥブロヴニク貴族層が都市コムーネの運営を継続していくことは可能だった。ヴェネツィアから来た行政長官も、本来はヴェネツィア商人として交易に熟達していた人々である。ドゥブロヴニクに共同出資者を同行させて私的な交易活動を行っていた例もある［Harris 2003: 48］［Lonza 2018］。

一二三二年、ヴェネツィア共和国は統治下のドゥブロヴニクが遵守すべき項目を明文化した。政治、宗教、軍事、交易など多方面にわたってドゥブロヴニクに圧力をかけて統制するもので、一三五八年にヴェネツィア支配が終わるまでこれらの責務は存続した（一三五八年にザダル条約によってドゥブロヴニクにおけるヴェネツィア支配は終了し、ハンガリー宗主下に移行）。

政治面ではドゥブロヴニクがヴェネツィアに服従する立場にあることを徹底させる次のような規定があった。ヴェネツィア本国から派遣される行政長官は一〇年任期で交替することになっていた。新しい長官が着任するたびごとに、ドゥブロヴニクの一三歳以上の男性はヴェネツィア元首（ドージェ Doge）に忠誠を誓う。毎年一一月一日「諸聖人の日」にはヴェネツィア元首、共和国政府、行政長官のそれぞれに、定められた金額を献納する。ドゥブロヴニク貴族層各家から毎年一二人の人質を選び、半年ごとに六人ずつヴェネツィアに差し出す。宗教面では、ヴェネツィア出身者がローマ教皇庁からドゥブロヴニクの大司教として任命されることになった。このように政治的な首長、宗教的指導者の両方をヴェネツィアが掌握し、ドゥブロヴニクを統治する体制が整えられた。

軍事面ではヴェネツィア艦隊がアドリア海の航路を通行する際には、ドゥブロヴニクを中継地の一つとし、軍需品・食糧などを補給する。また、ヴェネツィア艦隊がアドリア海で実戦を展開する場合には、ドゥブロヴニクは援軍を出す。三〇隻を超える艦隊が編成される場合は、ドゥブロヴニクは三〇分の一を負担する。すなわち三〇隻の艦隊であれば、艦船一隻と乗組員、兵士を供出する。さらに、ヴェネツィアがドゥブロヴニク近海で、ガレー船を用いて海賊の掃討作戦を実施する場合は、ドゥブロヴニクもガレー船一隻と五〇人の武装した兵士を出す［Harris 2003: 47］［Carter 1972: 85–93］。

このようにドゥブロヴニクは軍需品、船、戦闘要員のすべてにわたって供出し、ヴェネツィア艦隊の一部を構成することが課せられた。ただし、ヴェネツィア艦隊は常駐していたわけではなく、補給基地としての機能を保障することが要求されていた。一三二九年にはヴェネツィアの指示で、港に面してアーセナル（軍用船造船所）が建設された。

陸路と海路の結節点

交易面においても厳しい統制が課せられた。ドゥブロヴニク商人の交易品を搭載した商船は年に四隻しかヴェネツィアに入港できない。交易品のなかでバルカン内陸のスラブ産の物品は無関税であるが、シチリア島産には二・五％、エジプトなど地中海南岸の物品には二〇％の関税が課せられた。また、ヴェネツィア市内でドゥブロヴニク商人が外国人と取引することは禁じられた［Harris 2003: 48］。つまり、ヴェネツィアにとってドゥブロヴニク商人の有用性は、バルカン内陸の産品をヴェネツィアに持ち込み、ヴェネツィア商人に卸すという点にあった。これ以外の点では、ドゥブロヴニクがヴェネツィアのライバルに成長しないように慎重に制限が課されていたのである。

このようにヴェネツィアにとってドゥブロヴニク商人の意義はバルカンの陸路とアドリアの海路をつなぐ交易を担うことができる点にあり、取扱品のなかでとくに重宝されたのがバルカンの鉱物資源である［Harris 2003: 48–49］［Carter 1972: 93–111］。海の移動が得意なヴェネツィアは、陸路の内陸貿易には関心を示さなかった。内陸貿易はドゥブロヴニク商人が担い、ヴェネツィアに搬入させて要領よく吸い上げることが優先されたのである。

鉱物資源による経済力の伸長で、一三世紀、セルビアとボスニアは勢力を拡大した（一二一七年にローマ教皇ホノリウス三世による王冠授与でセルビア王国が成立）［唐沢 2004a］。セルビア王国はダルマチア沿岸部の交易拠点を握ろうとし、一三世紀～一四世紀前半、ドゥブロヴニクに何度も戦闘をしかけてきた。ヴェネツィアの応援により、セルビアに征服されることは免れたが、侵攻の可能性に備えてドゥブロヴニクの城壁は堅固なものに造り替えられていった［Carter 1972: 93–111］［Krekić 1972 = 1990: 14–25］［Harris 2003: 48–49］。

セルビアとの関係が安定したのはセルビア王ステファン・ドゥシャン（在位一三三一～五五年）の時代である。ステファン・ドゥシャンは復活していた東方の制圧に集中し、ドゥブロヴニクを侵攻する動きはとまった。一四世紀にセルビアやボスニアでは銀、錫などの産出量が拡大しており、鉱物資源の中継貿易にあたるドゥブロヴニク商人は重宝な存在で、この時期にセルビアやボスニアと良好な関係が維持された〔Carter 1972: 93–111〕。

おおよそ以上のように、ヴェネツィア支配の時期にバルカン内陸とアドリア海沿岸の交易は活発になり、中継貿易拠点としてドゥブロヴニクの有用性は明確になっていった。ヴェネツィア共和国が優先したのは東方貿易であり、ヴェネツィア商船のアドリア海航行の安全確保、アドリア海の覇権維持をめざすヴェネツィア艦隊の機動性の確保であった。これに協力していれば、ドゥブロヴニクが内陸に交易網を拡大することは可能で、それはヴェネツィアにとっても利益に結びつくことであった〔Harris 2003: 48〕。

第3章　自治都市の成立と共同防衛

❖水先案内――都市共同体と世界システム

都市共同体の構造は外部社会の変化に影響されて改編・改造される。局地的市場圏から発展して、遠隔地交易圏に連結するようになったドゥブロヴニクは、外部社会の影響をどのようなかたちで受けることになったのだろうか。それに対応して、ドゥブロヴニクでは都市の社会構造や空間構造をどのように再編し、都市共同体の機能を向上させていったのだろうか。

中世期、地中海世界では資本主義的「世界＝経済」が形成されつつあった。その中核は都市国家のヴェネツィアである。経済的に卓越する過程で勢力圏を広げるため、他を威圧し、紛争が発生する。ドゥブロヴニクはヴェネツィアから統制を受ける立場になった。

他方、地中海世界以外でも、異なる原理の世界システムが拡張しつつあった。バルカン半島内陸部ではバルカン勢力圏が成長し、顕在化した。またビザンツ帝国滅亡後、東地中海からオ

跳ね橋を渡って、ピレ門をくぐり、街なかに入る（筆者撮影）

スマン帝国が勢力を拡大させた。

このようにヴェネツィアによる地中海経済圏、内陸のバルカン勢力圏、東側から迫るオスマン勢力圏が、時期が重なったり、ずれたりしながら、それぞれ勢力範囲を広げていった。世界システムは拡張の過程で、空間的範域の周辺部または外部で紛争が発生する。

アドリア海に面したドゥブロヴニクは、これら三大勢力が拡大を企図する地域であった。外部からの脅威はドゥブロヴニクに周到な備えを必要とさせた。リスクへの対応は都市共同体の体制を強化し、ドゥブロヴニクが都市国家へと発展する契機をもたらした。外部からの脅威と対峙しつつ、ドゥブロヴニクはどのようなプロセスを経て都市国家へと成長していったのだろうか。

3-1　都市コムーネの体制整備

都市法の公布

ヴェネツィア統治下の一二七二年、ドゥブロヴニクで都市法の公布が宣言された。五月二九日、公布を宣言したのはヴェネツィアから派遣されていた行政長官である。すでにドゥブロヴニクでは社会生活を営むためのさまざまな規則、たとえば犯罪者の処罰、刑法、債務者の扱い、結婚・相続、交易に関する慣習法があり、文書として記されているものもあった。しかし、行政長官が交替すると変更が生じることがあり、長期的な展望にたって法令が施行されているわけではなかった。ヴェネツィア統治のもとで、これまでの慣習法を一括し、総合的かつ系統的に整序した法令集が作成され、公布されたのである

［Harris 2003: 123–129］。

　法令集の写本が現在もドゥブロヴニク古文書館に保存されている。現存している写本は八分冊から成り、最初の六冊は、行政長官の権限、評議会の権限、裁判所の権限、刑法、家族法、相続規定、不動産等の所有権、民事訴訟等の法令を記したもので、行政長官・裁判官・評議員などの就任宣誓書も含まれている。あとの二冊は公布後、短期間のうちに追加されたと推測され、海事関係の法令である。この五年後、一二七七年にはドゥブロヴニク関税法が公布され、通商・交易に関する法令が明示された［Lonza 2012］。このように一二七二年と一二七七年にドゥブロヴニクの都市行政に関する基本的な法令が定められ、長期的に安定した社会生活、経済活動を行う法的基盤が整えられた。

　都市法・関税法が公布されて以降、諸法令に基づいて処理された案件の文書が保存されるようになった。それらは現在もドゥブロヴニク古文書館に所蔵されている。その内容は、小評議会議事録、大評議会議事録、元老院議事録、各種の係争文書、書記官判決文書、債務関係公証人文書、遺言関係公証人文書、結婚登録、書記官雑録、公証人雑録等々、広範に及ぶ。ドゥブロヴニクは一八〇八年にフランスに占領されたが、それまでに蓄積された文書は数万点を超える［Krekić 1972 = 1990: 3–6］。一三世紀後半以降のドゥブロヴニクの変遷を都市行政、社会生活など諸側面にわたって克明にたどることができ、きわめて貴重なアーカイブとなっている。このような信頼性の高い史料に基づいて、ドゥブロヴニクの歴史研究が進められてきた。

Book review

OCTOBER 2022

10月の新刊

勁草書房

〒112−0005 東京都文京区水道2−1−1
営業部 03−3814−6861　FAX 03−3814−6854
ホームページでも情報発信中。ぜひご覧ください。
https://www.keisoshobo.co.jp

バッド・ランゲージ

悪い言葉の哲学入門

ハーマン・カペレン
ジョシュ・ディーバー 著
葛谷 潤・杉本英太・仲宗根勝仁・中根杏樹・藤川直也 訳

言葉のダークサイドに立ち向かえ。社会に溢れる言葉の悪用に着目し実践的な言語の問題を考える言語哲学の新基軸への格好の入門書。

A5 判並製 376 頁　定価 4950 円
ISBN978−4−326−10310−2

知識とは何だろうか

認識論入門

ダンカン・プリチャード 著
笠木雅史 訳

伝統的な難問から現代の問題に取り組む応用まで、明快な筆致で認識論の幅広い射程を紹介。用語集や文献ガイドも備えた最強の入門書！

A5 判並製 344 頁　定価 4400 円
ISBN978−4−326−10311−9

受肉と交わり

チャールズ・テイラーの宗教論

坪光生雄

メタモルフォーゼの哲学

エマヌエーレ・コッチャ 著
松葉 類・宇佐美達朗 訳

Book review

勁草書房

OCTOBER
2022

https://www.keisoshobo.co.jp

10月の新刊

龍谷叢書 58

宗教者は病院で何ができるのか

非信者へのケアの諸相

森田敬史・打本弘祐・
山本佳世子 編著

宗教者は、特定の信仰を持たない／信仰を異にする患者のケアにどのように関わることができるのか。宗教的ケアの実態を詳細に論じる。

A5 判上製 272 頁　定価 2970 円

ISBN978-4-326-70126-1

10月の重版

予言がはずれるとき

この世の破滅を予知した現代のある集団を解明する

L. フェスティンガー・H. W. リーケン・S. シャクター 著
水野博介 訳

予言を教義の中心におく宗教グルー

アブダクション

仮説と発見の論理

米盛裕二

知の巨人、パースの思想の根幹はこ

グリーフケア入門

悲嘆のさなかにある人を支える

髙木慶子 編著
上智大学グリーフケア研究所 制作協力

愛する家族や親しい友人など、大切

シングルマザーの貧困はなぜ解消されないのか

「働いても貧困」の現実と支援の課題

中囿桐代

問われるのは「能力」ではない——

的現象を検証。

A5 判上製 400 頁　定価 5500 円
ISBN978-4-326-10106-1　1 版 6 刷

く解説。

四六判上製 276 頁　定価 3080 円
ISBN978-4-326-15393-0　1 版 12 刷

こととは。

四六判上製 232 頁　定価 2640 円
ISBN978-4-326-29900-3　1 版 8 刷

を考える。

A5 判上製 336 頁　定価 4400 円
ISBN978-4-326-60336-7　1 版 2 刷

映画にとって音とはなにか

M. シオン 著
川竹英克・J. ピノン 訳

さまざまな傑作映画の魅力を、音に対する認識論と音響技術に関する方法論から解き明かす。〈映画音楽〉という概念を批判的に疑う。

四六判上製 336 頁　定価 3850 円
ISBN978-4-326-85126-3　1 版 5 刷

朝日新聞（9 月 27 日）著者・山口智美さんインタビュー掲載

社会運動の戸惑い

フェミニズムの「失われた時代」と草の根保守運動

山口智美・斉藤正美・荻上チキ

2012 年
10 月刊行
好評 4 刷

旧統一教会などの宗教右派と、自民党などの保守政治家は、なぜ、どのように、「男女平等」「多様な性」を攻撃したのか――。丹念なフィールドワークと資料分析から、「対立」の背景を明らかにした 1 冊。

定価 3080 円
四六判上製 400 頁
ISBN978-4-326-65377-5

宗主国のヴェネツィアには元老院、大評議会、四〇人委員会などの政治・行政の運営組織があった。ドゥブロヴニクでも概ねこれにならい、ヴェネツィアから派遣された行政長官とドゥブロヴニク貴族層で構成された政治・行政組織が整備されていった。

ヴェネツィア統治下のドゥブロヴニク市内では、階層構成は貴族層と平民層から成る。一四世紀初頭、貴族層の成人男性は三〇〇人前後と推定されている［Harris 2003: 186–187］［Krekić 1972 = 1990: 40–44］。もともと本土の陸地側に土地を所有する状況になかったドゥブロヴニクでは、貴族層の富の源泉・資源蓄積の手段は商業・交易で、ヴェネツィアと同様に有力商人層が原動力になって都市コムーネが形成されたと考えられている。ヴェネツィアでは一二九七年に大評議会への参加資格を特定の家門に限定すること（セッラータ）が行われ、貴族層が世襲化した。これによって貴族層と平民層の間の階層移動は特殊例以外は生じなくなり、閉鎖的な貴族階級が成立したとされる［永井 1980a, 1980b］。ドゥブロヴニクの場合は一四〜一五世紀に貴族層家門の増減があり、平民層から貴族層への社会的移動があった［Harris 2003: 186–187］［Krekić 1972 = 1990: 40–44］。

ドゥブロヴニクで政治的・行政的な最高機関として位置づけられたのは「大評議会」である。貴族層の成年男性全員が構成員で、政治的、外交的な決定事項は最終的に「大評議会」で承認された。

選出された評議委員による議決機関が「元老院」である。時期によって人数に増減があり、一二七二年に三五名が記録され、概ね三〇〜四〇人程度の貴族層成年男性で構成された［Carter 1972: 111–130］。

また、少人数からなる行政執行組織の「小評議会」があった。行政長官とドゥブロヴニク貴族層から選ばれた一一人の評議員で構成された。これはヴェネツィア統治の初期、行政長官がヴェネツィアから同行した補佐役を加えて少人数の執行組織を設け、これが「小評議会」になっていったと考えられている［Carter 1972: 111–130］。

以上のようにドゥブロヴニクではヴェネツィアの政治形態をモデルに、都市法や、政治・行政体制（元老院、小評議会、大評議会）が整えられていった。一三〜一四世紀に都市コムーネの政治・行政の中核が定まり、そのイニシアティブで道路建設、浅い水面の埋め立て、城壁や要塞の築造など都市空間の形成が進んでいったのである。

広場と城壁の建設

ヴェネツィア統治期に、ドゥブロヴニクの都市空間はおおよそ図表3-1のように形成されていった［Peković & Babić 2017: 1–63］。半島と本土にはさまれて入江だった区域が埋め立てられて、直線の大通りが形成された。これが現在もドゥブロヴニク市内を貫いている「ストラドゥン」である。港が築造され、上陸地点に広場が設けられた。これがルジャ広場である。

城壁は市全体を囲むようになり、要塞および一三カ所に角塔が増築された。陸地側とくに城壁北側が強化された。図表3-2は考古学的史料に基づいて明らかにされた北西角の増築プロセスである。城壁は徐々に延長され、一三一九年に四角形の「ミンチェタ要塞」が建造された［Peković & Topić 2011: 266–270］。

同じ頃、それまで城壁外にあったフランチェスコ会修道院の建物を取り壊し、城壁内に移すことが大評議会で定められた［Nikic 2006］。一三世紀にドゥブロヴニクに到来したと伝えられるフランチェスコ会は、もともと北西側の城壁外部に修道院があったが、敵が攻めてきたとき建物が堡塁として使われてしまう可能性があるため、壊すことになったのである。新しい修道院はミンチェタ要塞の城壁内側に隣接し、北西角を防御するように建造された。

一四世紀、ヨーロッパでは小火器の使用が広まり、実戦に用いられるようになった。飛距離が伸び、攻撃力を増した武器に対応し、敵軍との間に距離を保つため、さらに外壁が補強され、その外側には壕が造成された。火器の使用がいかに脅威であったかは城壁の構造が示している。

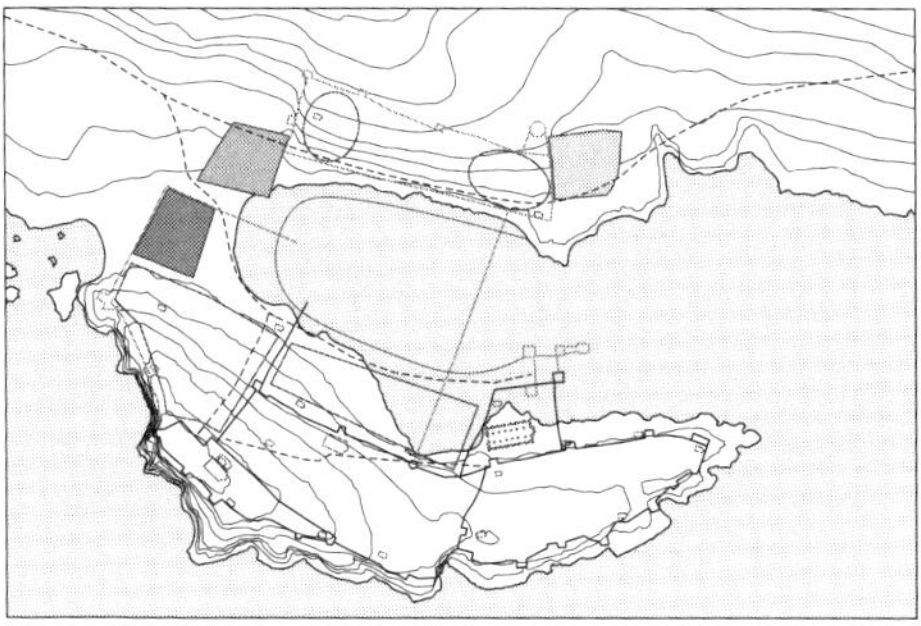

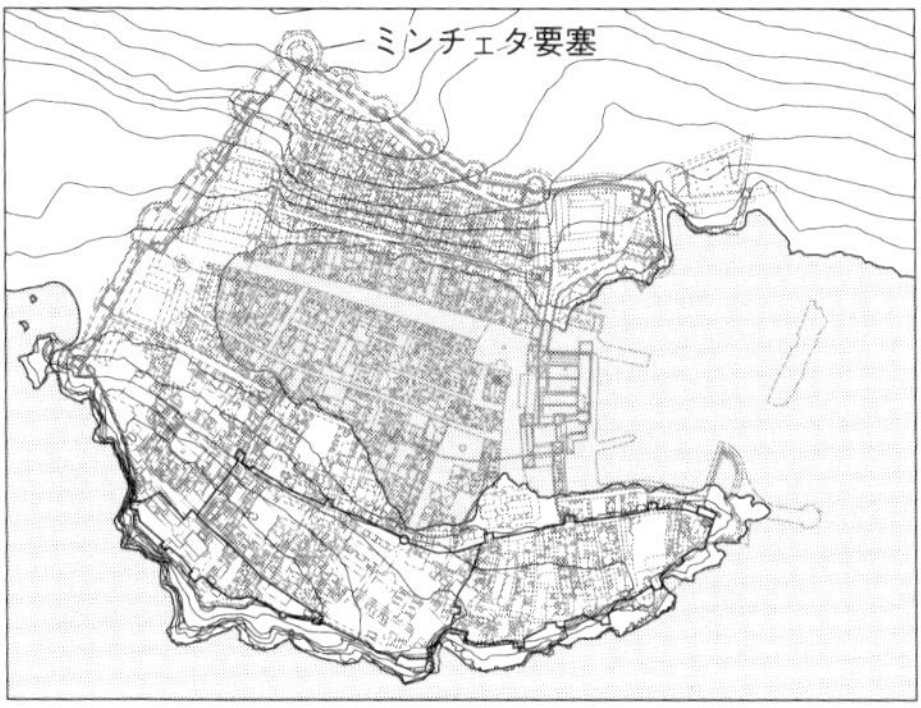

図表 3-1　ヴェネツィア統治期のドゥブロヴニクと城壁
出典：[Peković & Babić, 2017:（上）8,（下）17]

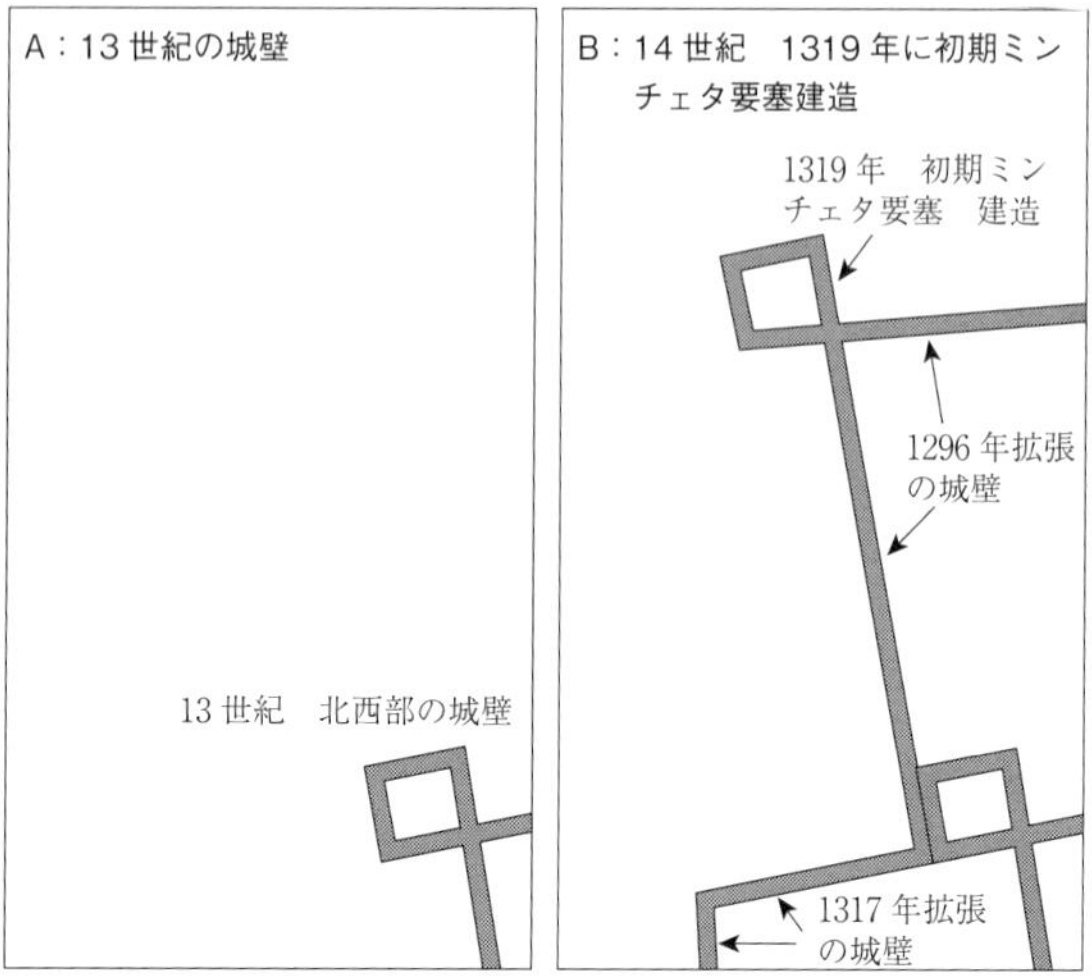

図表 3-2　ミンチェタ要塞付近（城壁北西部）の変化のプロセス

出典：［Peković & Topić 2011: 266-270］をもとに筆者修正

都市空間の基本的骨格

また、海防も強化された。一三二九年、港に面してヴェネツィアの指示でアーセナル（軍用船造船所）が建造された。後背地から木材を伐り出し、造船所でガレー船、軍用船を建造するのである。当時、東方貿易をめぐってヴェネツィアはジェノヴァとしのぎを削り、一三世紀、一四世紀に両国の艦隊は何度も海上で激戦を交わした。ヴェネツィア艦隊出撃の際には、ドゥブロヴニクも船、兵士、軍需品を供出することになっていたから、軍用船の準備は不可欠であった。アーセナルは広場と港を遮るように建設されて、広場が海に向かって開放されていない閉じた空間になっていることは既述した通りである。

ジェノヴァ戦に備えるため、ドゥブロヴニクでは一三四五年に防衛の委員会が設けられた。翌一三四六年には防衛強化策を実行する諸手続きが定められ、その一つに港に見張り塔を建設する事業があった（後の聖イヴァン要塞、図表3-3）。この時期、ドゥブロヴニクはイタリア諸都市のコムーネ（アンコーナ、メッシーナなど）と通商協定を結んでおり、航海の安全や補給を相互に保障することになっていた。交易上も港の安全確保、海防施設の拡充は不可欠だったのである［Peković 2013］。

港の南側には一三世紀前半にすでに城壁があった。これを補強して見張り塔をつくった。後年、この場所には聖イヴァン要塞が増築された。その前身の見張り塔の建設が一三四六年に始まったのである。塔には監視兵の詰所が設けられた。港の北側と、南側のこの塔との間に鉄の鎖を張り渡し、鎖を上下に動かして敵船の侵入を防ぐ備えがされた。この場所の防衛隊の責任者はドゥブロヴニク貴族で、緊急時

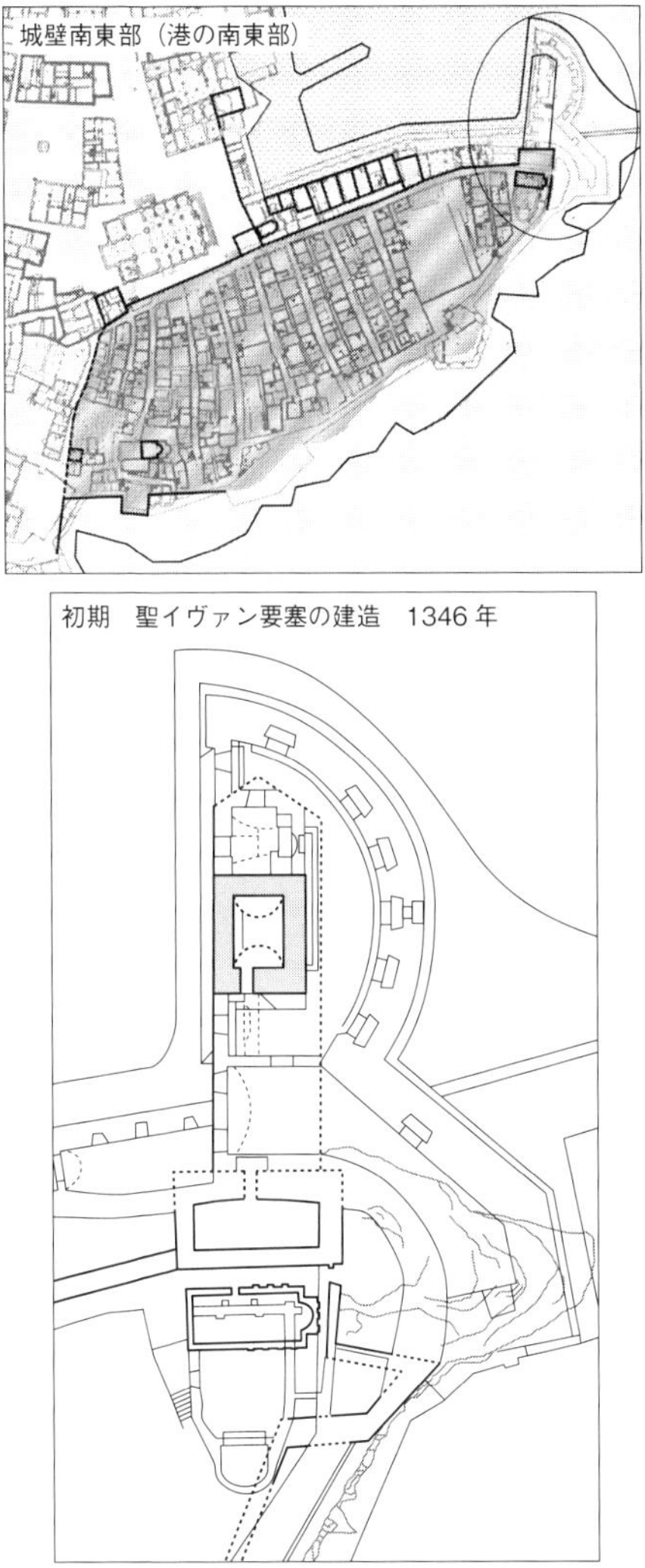

図表3-3　初期　聖イヴァン要塞の建造

出典：［Peković 2013］

にすぐ対応できるように監視兵が詰めた。見張り塔に隣接した住居は防衛担当の貴族の所有になっていた［Peković 2013］。

以上のように都市中心部では、広場、メインストリート、港など重要拠点が整えられた。また外周では城壁が整備され、海防も強化された。一三～一四世紀に都市空間の基本的骨格が明確になり、共同防衛の基本的体制が整った。

3‒2　都市国家への発展

ハンガリー宗主下のドゥブロヴニク

ドゥブロヴニクがヴェネツィアに服属する状況に変化が生じたのは一三五八年のことである。ヴェネツィアに替わって、ハンガリー王国がダルマチアの宗主権を握った。

そもそもハンガリーは遊牧民マジャール人が東方からドナウ川中流域に移動し、樹立した国である。一〇世紀末にキリスト教に改宗した。ローマ教皇から王冠を授与されてハンガリー王国となり、一一〇二年にクロアチア王国を征服し、「ハンガリーおよびクロアチア王」と称するようになった。その後、王国の領土は周辺スラブ諸国との攻防で変化したが、歴代の王は海への出口となるダルマチアを征服する動きをとめることはなかった。

一三四二年に「ハンガリーおよびクロアチア王」に即位したルイ一世はナポリ王国アンジュー家の血筋で（Louis the Great, ハンガリー名 Lajos ラヨシュ、クロアチア名 Ludovik ルドヴィク）、積極的な対外戦略で領土を拡張し、ダルマチア諸都市を脅かすようになっていた。

その当時、ダルマチアの宗主権を握っていたヴェネツィア共和国は苦況にあった。一三四八年にヴェネツィアではペストが流行し、人口は三分の二に激減していた。ヴェネツィアとの激しい攻防が展開され、一三五〇年以降の五年間にジェノヴァとの海戦が三回繰り返された。そこにジェノヴァにも援軍出撃の指令が下された。ジェノヴァ艦隊への応戦で余力がなかったヴェネツィアはダルマチアに迫るハンガリーと一時的な休戦協定を結んだ。

まさにヴェネツィアはペスト禍とジェノヴァ戦で疲弊した状況にあり、これを好機としたダルマチア諸都市はヴェネツィアの指令に従わなくなった。ハンガリーとの休戦協定が切れる期限が近づき、警戒したヴェネツィアはハンガリーの脅威に備えて、ドゥブロヴニクに三〇隻のガレー船の準備を整える指令を出した。ドゥブロヴニク貴族層はこれに従わず、ヴェネツィア派遣の行政長官の指図を聞き流した。

ドゥブロヴニクを含めたダルマチア諸都市がヴェネツィアに離反するこのような動きに、劣勢に陥ったヴェネツィアは一三五八年二月、ハンガリーと結んだ協定で、ダルマチアの宗主権をハンガリーに移譲する状況に追い込まれた。かくて、ヴェネツィア共和国はダルマチアを喪失し、ドゥブロヴニクで最高位にあった行政長官はヴェネツィアへ立ち去った［Harris 2003: 60–61］［Carter 1972: 111–130］。

都市国家への発展

「ハンガリーおよびクロアチア王国」に宗主権が移ったとはいえ、各都市がそれを受け入れるとは限らない。ドゥブロヴニク貴族層はこの好機を逃さなかった。「都市コムーネ」としてハンガリーと宗主権受け入れの条件を調整したドゥブロヴニクは一三五八年五月にハンガリーと約定を結んだ。宗主国と認めて貢納金を納めることになったが、紆余曲折はあったものの、ドゥブロヴニク貴族層から行政的最高位の総督を選出することをハンガリーに認めさせた。また、外交的にもハンガリーに左右されずに、ドゥブロヴニク独自に各地と交易することが可能になった。つまり、ハンガリーが敵対している国であってもドゥブロヴニクは通商可能で、そのなかにはヴェネツィアもふくまれる。

ハンガリーの宗主権を受け入れたが、ドゥブロヴニクはこのように政治的・外交的な独立性を保障されることになった。ヴェネツィア支配を脱し、ハンガリーとこのような約定を結んだ一四世紀後半がドゥブロヴニクが「都市コムーネ」から「都市国家」に脱皮した時期と解釈されている［Krekić 1972 = 1990: 48–51］［Harris 2003: 60–61］［Pešorda-Vardić 2006］。

このようにして一三五八年以降、ドゥブロヴニクの大評議会は総督を選出することができるようになった。選出の手続きは自治的に定められ、独裁の可能性をなくすため、総督の任期は一カ月で、連続再選は禁止とされた。また、一四世紀後半から一五世紀前半にかけて、周辺農村地域・島嶼地域の領有が進んだ。一五世紀初頭に「Republic」すなわち共和国と称するようになった［Krekić 1972 = 1990: 48–51］。

貴族共和制の都市国家ドゥブロヴニクの社会構造は、城壁に囲まれた市内に居住している貴族層と平民層、市外の村落に居住している農民層という三つの階層から成り立っていた［Carter 1972: 111–130］。本書ではこのうち城壁内に居住している貴族層と平民層に焦点をあて、貴族共和制の政体をドゥブロヴニク共和国政府として書き進めることとする。

行政的最高位を自治的に選出することは他のダルマチア諸都市には認められなかった特権で、ハンガリー王国がドゥブロヴニクを優遇したことを意味する。その理由はドゥブロヴニクが中継貿易拠点として有用で、自治的体制がすでに整い、他の都市とは異なる独自の存在だったことによると推測されている［Krekić 1972 = 1990: 48–51］［Pešorda-Vardić 2006］［Harris 2003: 60–61］。

その後も「ハンガリーおよびクロアチア王」ルイ一世はドゥブロヴニクの交易を発展させる方向でドゥブロヴニクを取り扱った。一三八二年にルイ一世は死去し、王位継承をめぐる抗争が起きた。ドゥブロヴニク政府はハンガリーの王位継承のゆくえを注視したが、ドゥブロヴニク政府の独立性は維持されて、一四世紀後半に都市国家発展の基礎を固めることができた。

都市国家と経済活動

一三八七年に「ハンガリーおよびクロアチア王」に即位したジギスムントはドゥブロヴニク政府に交易上の特典を付与した。シリアまでの東方貿易でハンガリー産の「銀」を売りさばく場合、ドゥブロヴニク商人は関税なしで銀を仕入れることができるように優遇した［Pešorda-Vardić 2006］。バルカンの鉱物資源、とくに「銀」の取引ができることがドゥブロヴニク商人の存在意義であったといえよう［Krekić 1972 = 1990: 162］。

これに先立ち、ドゥブロヴニク政府はローマ教皇からも特典を得ていた。かつて一二九一年に十字軍がエジプトのマムルーク朝に敗北した際に、当時の教皇はキリスト教徒と非キリスト教徒の交易を禁じた。実際は表向きの代役を立て、キリスト教徒の商人は東方との交易を続けていたが、このような抜け道を使わないに越したことはない。一三七三年、ドゥブロヴニク政府は例外的にローマ教皇から非キリスト教徒との交易を認められ、年二隻の商船を東方貿易に送り出すことができるようになった［Harris 2003: 81］。

一四三三年一二月、バーゼル公会議でも東方貿易に関する優遇は認められ、ドゥブロヴニク政府はイスラム教徒の領土で貿易を続けることが可能になった（武器等を除く）。オスマン帝国の領土拡張が進むなか、このような特典を有していることはドゥブロヴニク商人の交易網の拡大に大変有利な条件になった［Harris 2003: 81］。

このようにドゥブロヴニク政府はハンガリーからバルカン内陸交易で利便性を保障され、ローマ教皇からイスラム教徒との取引を許可された。一三世紀後半から一四世紀前半にかけて広域の貿易が可能になり、陸路と海路をつなぐ中継商人として重宝される状況を維持することができた。都市国家として政治的・外交的自立性を高めたことにより、経済活動においても自立的に活動できる範囲を広げていくことができたといえよう。

他方、一五世紀前半に勢力を回復したヴェネツィア共和国はアドリア海沿岸をふたたび支配するようになったが、独立性を高めたドゥブロヴニクはヴェネツィア支配に屈することはなかった。ドゥブロヴニク共和国の領土を除いて、アドリア海沿岸部は北部からドゥブロヴニク南部のアルバニア地方コトル湾（現在のモンテネグロ沿海地域）に到るまでヴェネツィア領になった。

3-3　共同防衛の都市空間

オスマン帝国の脅威

一四世紀後半にオスマンの勢力がバルカンで拡大し、征服される領域が広がっていた。ハンガリー王ジギスムントを中心に十字軍が結成され、一三九六年にドナウ川沿岸のニコポリスでオスマン軍と戦ったが大敗を喫した。ドゥブロヴニクはこの決戦以前にオスマンとすでに接触をもち、交易条件の交渉を始めていたと推測されている。オスマン軍はその後一四〇二年にアンカラの戦いでティムール軍に敗れ、勢力は後退した。しかし、一四五一年にメフメト二世がスルタンに即位するとふたたび勢いを盛り返し、バルカンはオスマンの脅威にさらされるようになった［Harris 2003: 92–100］。

一四五三年、メフメト二世はコンスタンティノープルを攻略した。攻撃には大砲が威力を発揮した［林 2008］。コンスタンティノープルは陥落し、ビザンツ帝国は滅亡した。続いてバルカン制圧を本格化させ、一四五九年にセルビア王国、一四六三年にボスニア王国を滅亡に追い込んだ。

ドゥブロヴニクもオスマンの威圧を受け、危機に直面した。外交交渉によって、一四五八年、オスマン帝国に貢納金を納めることと引き替えに、交易上の優遇を認めてもらうことで決着がついた。これ以降、ドゥブロヴニク政府はオスマン帝国に貢納金を納めるようになり、一八〇八年にドゥブロヴニク共和国が滅亡するまで貢納は続いた［Harris 2003: 92–100］。

制圧した地域に対するオスマンの統治方法の一つは貢納金などの負担を重くして、支配層を崩壊に導くものであった［Harris 2003: 92–100］［林 2008］。ドゥブロヴニク政府にも強圧的に迫り、負担は重くなった。当初、貢納金の納付は一〇〇ダカットだったが、一四七六年にオスマン帝国はドゥブロヴニク郊外のスルジ山付近に税関を設け、ドゥブロヴニクに搬出入される産品に関税をかけて税金を徴収しはじめた。交易の負担が重くなる事態に直面したドゥブロヴニク政府は交渉を続け、税関は廃止されたが、貢納金は年額一万二五〇〇ダカットに跳ね上がった［Harris 2003: 92–100］。強圧的な条件を受け入れることになったが、ドゥブロヴニク政府の自治を奪われることを回避することができ、オスマン帝国領内での交易活動は維持された［Harris 2003: 92–100］［Krekić 1972 = 1990: 65–68］。

強国のはざま

一四五八年以降、オスマンに貢納金を納めることになったが、ハンガリーの王位継承者もドゥブロヴニクから貢納金を受け取る権利を主張し続けた。ドゥブロヴニクはオスマンとハンガリーという強国の勢力関係のはざまで揺さぶられる立場にあった。ドゥブロヴニク政府は情勢を注視しつつ、一方に加担して他方と決裂することを避け、どちらの勢力ともつながりを維持する外交術を続けた［Harris 2003: 101–122］。マクロ的な勢力分布がドゥブロヴニクのような弱小国の行く末に影響を与えていた。

メフメト二世以来、オスマン勢力はたびたびハンガリー領内を侵攻したが、ハンガリーを直接支配するまでには至っていなかった。転機は一五二〇年に即位したスレイマン一世の時代に訪れた。一五二六年、ドナウ川沿岸のモハーチでオスマン軍とハンガリー軍は対峙し、オスマンの勝利、ハンガリー王の戦死という結果に終わった。決着がついたこの時点で、ドゥブロヴニクのハンガリーに対する貢納金の義務は解消したかに思えたが、そう単純には進まなかった。

戦死したハンガリー王には妹がいて、オーストリア王のハプスブルク家フェルディナンドに嫁いでいた。フェルディナンドはハンガリーの王位継承を主張した。フェルディナンドの兄は神聖ローマ皇帝カール五世である。マクロ的な対立関係は、オスマン対ハンガリーから、オスマン対ハプスブルク家へと展開し〔林 2008〕、弱小国ドゥブロヴニクは強国の威圧に揺さぶられ続けた。フェルディナンドはハンガリーの既得権としてドゥブロヴニクに貢納金を要求してきた。ドゥブロヴニク政府はペスト禍で疲弊していることなどを理由にフェルディナンドに対する貢納金の納付を引き延ばすなど、ハプスブルク家と決裂することを避ける戦術をとった〔Harris 2003: 101–122〕。

火砲と城壁

オスマンのバルカン征服が進み、各地で戦闘が繰り返される情勢に、ドゥブロヴニクの城壁はさらに堅固なものに造り替えられていった。一四五三年のコンスタンティノープル陥落で示されたように大型大砲で都市を攻略する時代になっていた。オスマン帝国の歴代スルタンは武器の技術革新に関心をもち、他国から積極的に技術者を受け入れて最新の兵器を装備した〔齋藤俊輔 2002〕〔林 2008〕。

同時期、大砲の攻撃を受ける城壁に関しても、軍事技術の進展をふまえて専門的な知識を有する技術者が設計や建築を担う時代になっていた。火器使用を前提とした城壁・城砦などの設計に長じていたのはイタリア人で、のちにイタリア式築城術としてヨーロッパ各地に普及した〔白幡 2009〕。城壁を厚くするほかに、敵の動きを監視する視界の広さを確保し、攻撃を受ける方向を想定して堡塁の高さや形状を設計し、城壁に穿つ銃眼の位置を定めるなど、実戦に耐える要塞に改修することが必要とされた。

ドゥブロヴニクではスルジ山直下にあたる北西角が敵にねらわれやすく、防戦の要だった。ここにはすでに四角形のミンチェタ要塞があった。城壁をさらに強化するため、ドゥブロヴニク政府が招聘した

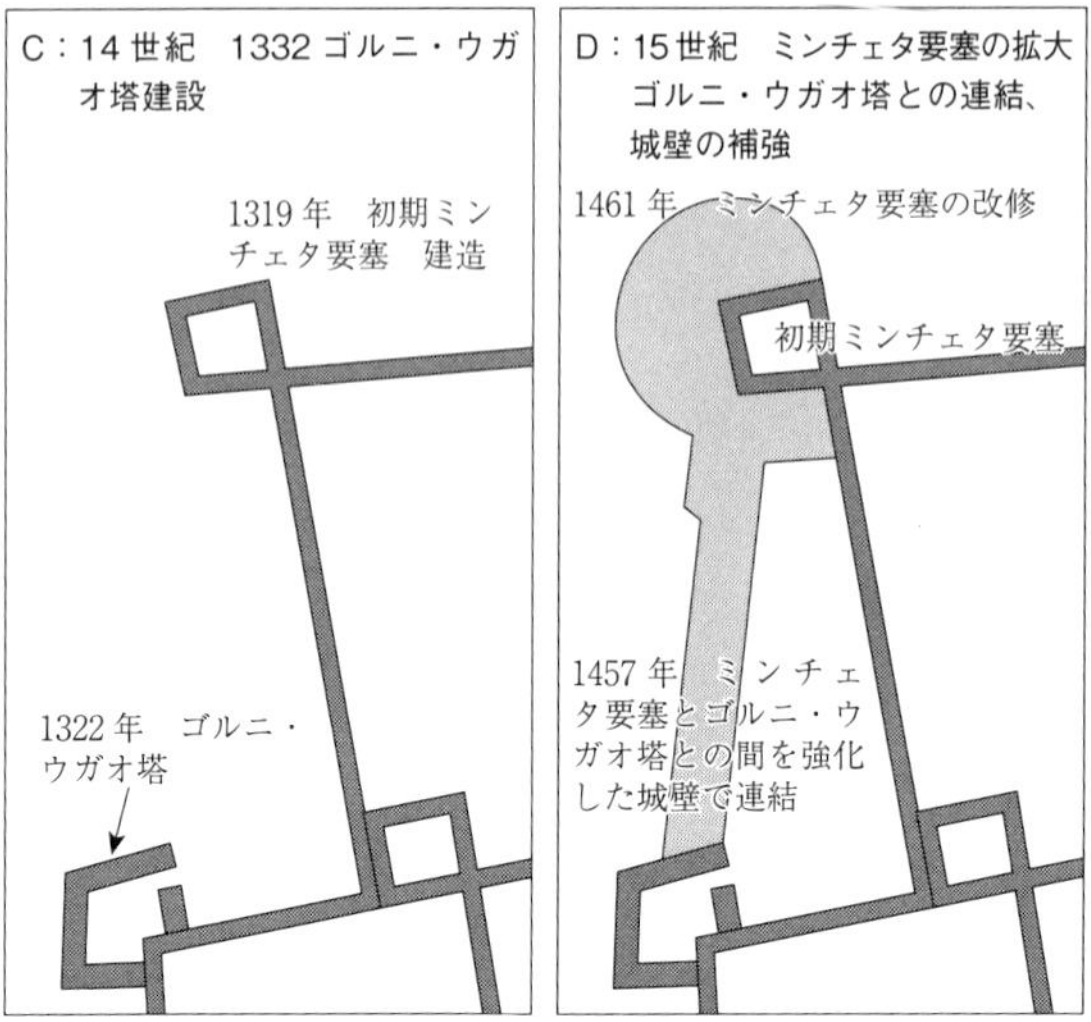

図表 3-4　ミンチェタ要塞付近（城壁北西部）の変化のプロセス

出典：［Peković & Topić 2011: 266–270］をもとに筆者修正

のがフィレンツェの建築家ミケロッツォ・ディ・バルトロメオ（Michelozzo di Bartolommeo）である［Deanović & Tenšek 1980］［石川 2017］。

ミケロッツォはルネッサンス初期の建築家で、フィレンツェのメディチ家の庇護を受け、コシモ・ディ・メディチ自邸などを手がけたことなどで知られる。ミケロッツォは石工・木工職人、彫刻師、鋳造師など建設工事に関わる職人集団をフィレンツェで組織していた。フィレンツェに居住していたドゥブロヴニク商人の仲介によって、この時期、ミケロッツォなど複数のフィレンツェ技術者がドゥブロヴニクの建設・鋳造作業に関わっている［石川 2017］。

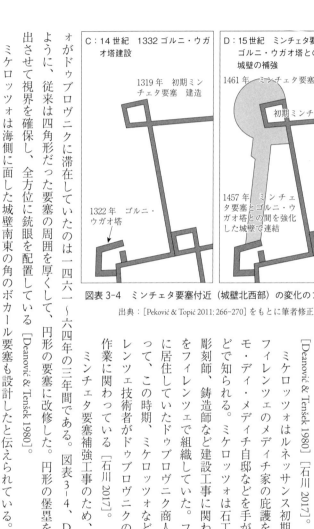

ミンチェタ要塞補強工事のため、ミケロッツォがドゥブロヴニクに滞在していたのは一四六一〜六四年の三年間である。図表3-4、D図に示したように、従来は四角形だった要塞の周囲を厚くして、円形の要塞に改修した。円形の堡塁を城壁から突出させて視界を確保し、全方位に銃眼を配置している［Deanović & Tenšek 1980］。

ミケロッツォは海側に面した城壁南東の角のボカール要塞も設計したと伝えられている。ミケロッツ

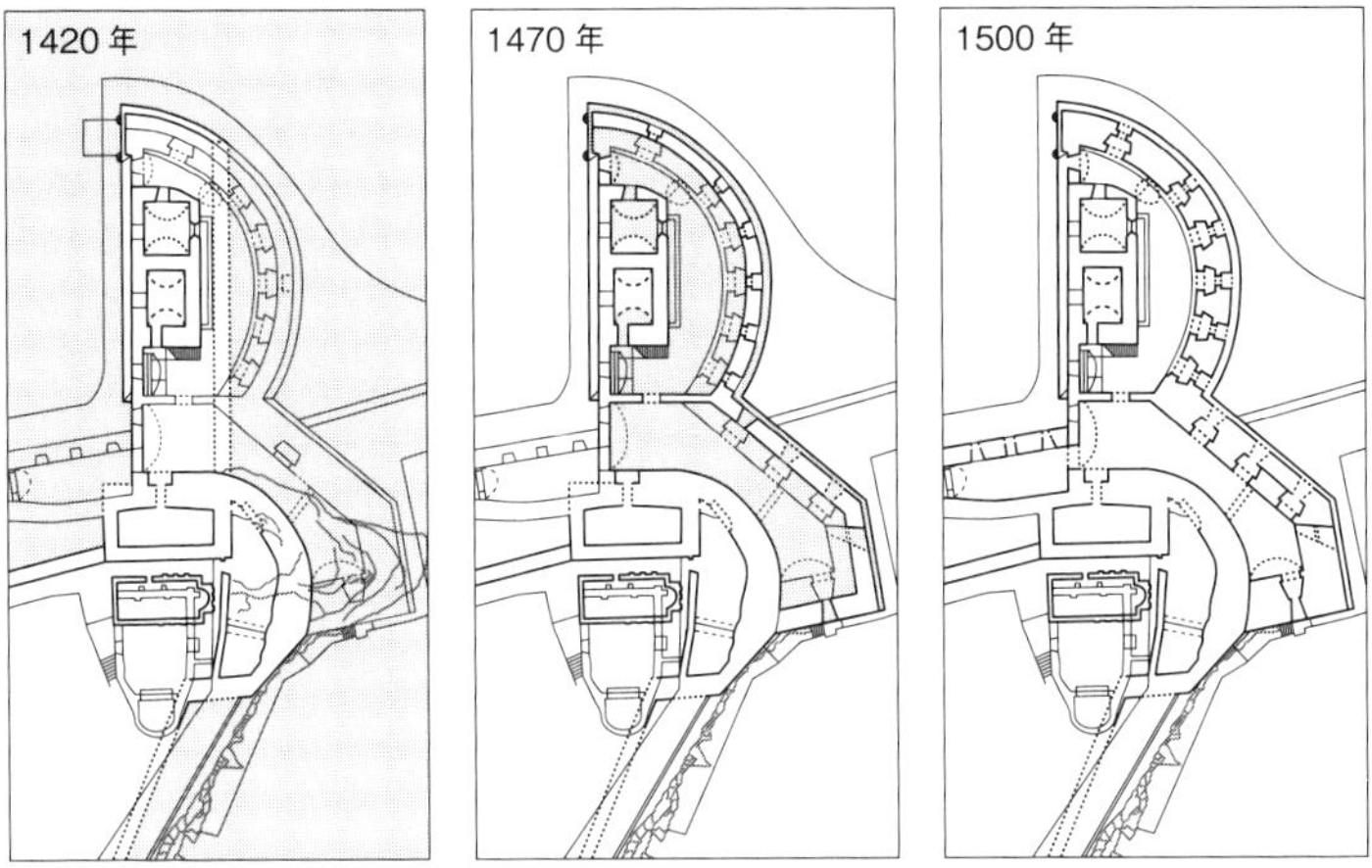

図表3–5　聖イヴァン要塞（城壁南東部）の変化のプロセス

出典：［Peković 2013］

ォはミンチェタ要塞が完成しないうちにドゥブロヴニクを離れて、その後の工事はダルマチアの建築家が引き継いだ［Krekić 1972＝1990: 80–81］。

城塞都市

城壁の北東角部の改修も一五世紀に進んだ。まず最初に、北東の角の城壁内側にドミニコ会修道院を移動させる工事が一四一七年に始まった。そもそもドミニコ会修道士がドゥブロヴニクに到来したのはそれより二〇〇年ほど前で、一二二八年にドゥブロヴニク貴族の献納金で城壁北東の外側に修道院が建設された。これを城壁内に移したのである。

北西のミンチェタ要塞が完成したあと、一四七八年に北東の角に要塞を築く作業が始まった。一六世紀前半に改築されて円形のレヴェリン要塞が完成した［Krasić 2002］［Krekić 1972＝1990: 80–81］。

このほか、城壁の南西部、港の入口にあるイヴァン要塞も一四七〇年までに図表3–5のように海に面し

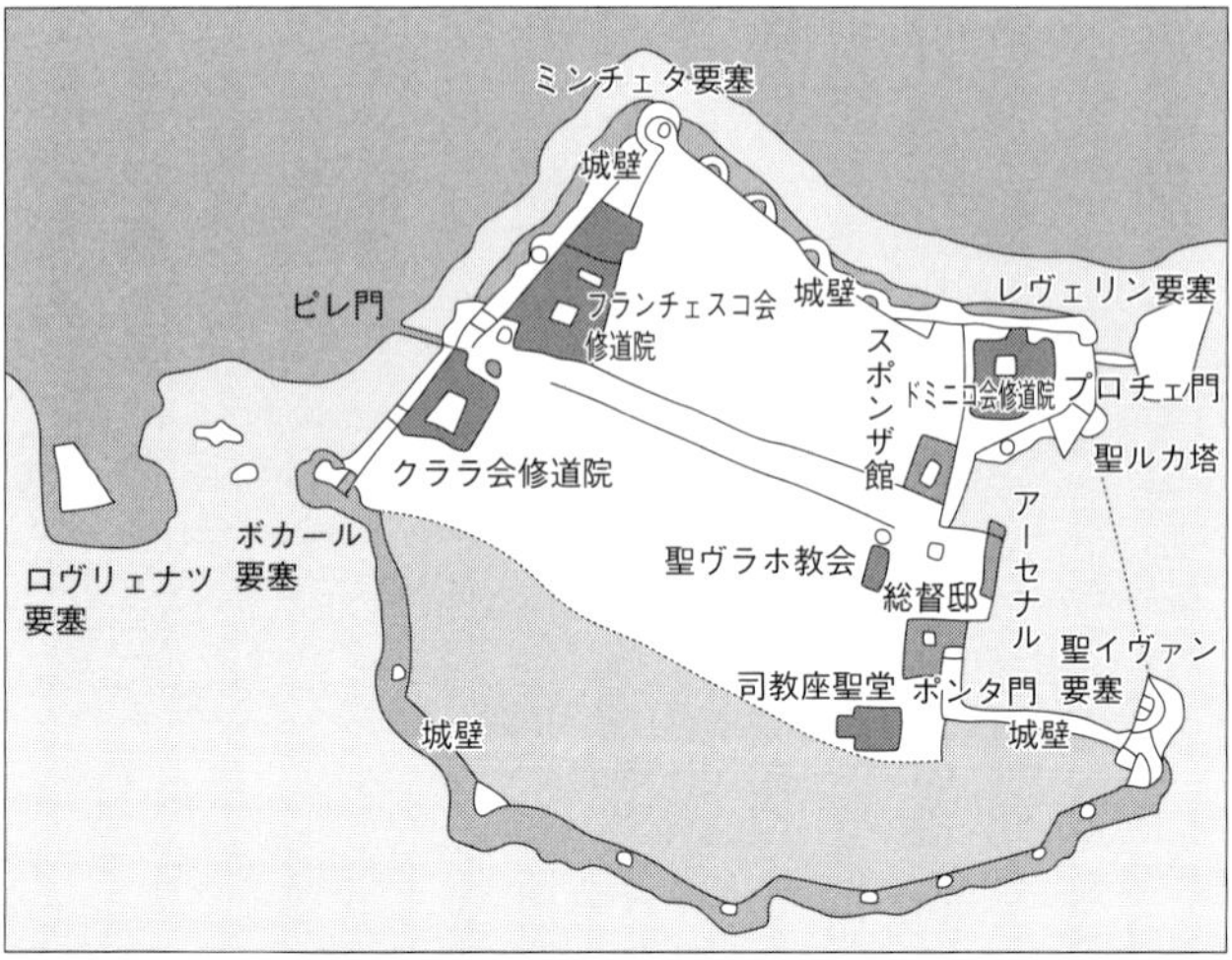

図表 3-6　15〜16 世紀のドゥブロヴニク

出典：［Krekić 1972＝クレキッチ 1990: 表紙扉］

て銃眼を配置した半円形に改修された。城壁を厚くする工事が一六世紀初頭まで続いた［Peković 2013］。さらに、城壁外部にロヴリェナツ要塞がつくられ、海防が強化された。広く海上を見晴らし、かつダルマチア沿岸の丘陵部も遠くまで視界に入る位置にある。

このように一四六〇〜七〇年代に改修が敏速に進められ、図表3-6のように城壁の角部四カ所に堅固な要塞が建造された（ミンチェタ要塞、レヴェリン要塞、聖イヴァン要塞、ボカール要塞）。大型大砲による攻城戦を想定して、ドゥブロヴニク政府は万全の備えを固めたのである。軍事技術と戦闘方法の変化によって、共同防衛の要である城壁は強化されていった。現在、私たちが見ている堂々たる城壁・要塞は中世における火砲技術の進展を反映したものである。防衛に手を抜くことができないバルカン沿岸部の緊張した情勢が伝わってくる。

❖水先案内——都市共同体から都市国家へ

　ドゥブロヴニクは局地的市場圏の中核都市から、遠隔地交易圏の拠点都市へと成長し、都市国家へと発展していった。都市で「市場」を運営するための行政、司法、防衛の基幹的機能は局地的市場圏に対応していたものから、都市国家として「世界＝経済」圏における他地域との交渉に対応可能な水準に向上していく必要があった。ドゥブロヴニクは基幹機能をどのように都市国家にふさわしい水準に構造化していったのだろうか。

　ドゥブロヴニクが都市国家にふさわしい体制を整えていった時期、外部社会の構造も大きく変動していった。地中海世界が資本主義経済の中心だった時代は一七世紀半ばに終わり、大西洋など外洋へ交易が拡大した。「世

城壁のうえに据え付けられた大砲（筆者撮影）

界システム」の空間的範域が拡大していった。これに対応できるように国家体制を整え、「交換（生産）、輸送、金融」の効率化を進めた国民国家が「ヘゲモニー」を握っていった。

軍事面も同様で、一八世紀には複数の国民国家が同盟を結び、大規模な戦争を展開するようになった。経済、政治、軍事のすべてが規模拡大し、それに対応できる資本を必要とした。国民国家を基盤に経済、外交、軍事が展開するようになった。

この趨勢のなかで、都市国家ドゥブロヴニクは劣勢な立場にあった。弱小国家は国民国家とどのように対峙したのだろうか。都市国家ドゥブロヴニクが尽くした努力と限界を読みとってゆこう。

4-1 都市の秩序と行政機能

貴族共和制の行政庁

都市空間における重要拠点の一つは行政庁である。ドゥブロヴニクで行政庁の場所は一四三五年以降は明確である。港と広場の間、すなわち港と広場の両方に面する場所にあった（図表0-6）。現在もそこには「総督邸」が現存している。

それ以前の行政庁については、考古学的史料とドゥブロヴニクのアーカイブ資料に基づいて次のように推測されている。現在、総督邸がある場所には、もともと防御用の塔があった。ヴェネツィア統治期、塔の南側に棟を建て増し、武器庫として使うようになった。小礼拝堂も付設された。都市法が公布された頃、西側にさらに建て増し、一三〇三年には大評議会で使う大会議室がそこにあった。扉や窓には装飾がほどこされ、バルコニーがある建物だったという［Grujić 2005］。

本来は共同防衛用だった施設に、このように行政機能が付加されていった。総督の居住機能も付加された。防衛機能を核に、行政機能、居住機能が加えられて複合的な構造になった行政庁は「総督邸」と称されるようになり、一四世紀末までには完成していたと推測されている。

オスマンへの備えが強化された時期、ドゥブロヴニク政府は火薬の備蓄に励んでいたようで火薬を収納していたとおぼしき兵器庫で二回、火薬の爆発事故が起きた（一四三五年と一四六三年）。とくに最初の爆発は大きく、総督邸の大半が吹き飛んだという［Krekić 1972＝1990: 85–87］。現存している「総督邸」は一四三五年の爆発後に再建されたものである［Grujić 2005］。

行政中枢機関「総督邸」からは港を見渡すことができた。バルカン内陸部へ続く陸路を見渡すことができた。海路・陸路両面の人の出入り、産品の搬出入を一望できた。市内の広場の状況や、市民の動きが目に入り、城壁内外が一目瞭然の場所に行政庁は立地していたのである。

行政官の選出

一五世紀後半、再建後の「総督邸」では年間およそ、大評議会が八〇回、元老院が一六〇回、小評議会が二〇〇回以上開かれていた。大評議会だけでも四～五日に一回開かれていたことになる。ドゥブロヴニク貴族層の男性は若い頃に交易商人として商業活動に従事した。熟年になると元老院や小評議会のメンバーになり、政務多忙で商業活動に集中することは難しくなったという［Carter 1972: 189–192］。大評議会の会議室扉の上部には「私事を忘れ、公事に徹せよ」という趣旨の銘文が彫られていた［Krekić

1972＝1990: 85–87]。

ドゥブロヴニク共和国の新年度は九月二九日「聖ミカエルの祝日」に始まった。大天使聖ミカエルは「公正」の象徴とされていたので政務のスタートにふさわしく、また九月末は農作物の収穫が終わった時期でもあり、一段落ついて新しいローテーションを始める時期に適していた。

ドゥブロヴニクでは総督の役割は儀礼的なものにとどめられ、政治的実権が固定化することを避けるため、総督の任期は一カ月で、毎月の月末に選挙が行われた。そのほかに選挙によって選出される役職は、通常一二月に選挙が行われ、一月から新体制が発足した。選挙権をもつのは大評議会の構成員で、貴族層の成年男性である。一二月になると選挙の準備が始まった。まず最初に小評議会のメンバーが、大評議会の構成員の名簿を改訂する作業を行った。商務で国外滞在中の者や、負債を抱えた者などを削除し、その年度の名簿を確定した。選挙する役職に応じて、選挙人を選ぶ間接選挙の方法などが行われていた［Lonza 2004］。

大評議会の開催は鐘楼の鐘を鳴り響かせて、出席者に召集をかけた。鐘の音は平民にも国の枢要な会議が開催中であることを知らせた。大評議会の大会議室は中央に出席者の椅子が八列にならび、年長者を先頭に年齢順に着席することになっていた。出席者が揃うと、総督と小評議会のメンバーがその正面に着席した［Lonza 2004］。

オスマンの行政官

オスマン帝国は各種の徴税制度を設け、徴税担当の中央・地方の官僚組織、克明に記録し文書化する書記官僚など、独特の官僚組織が発達していたことで知られる［林 2008］。貢納金を納める従属国の立場にあったドゥブロヴニク共和国をオスマン帝国はどのように管理していたのだろうか。

貢納金以外に、オスマン帝国は支配地域で有力な税源となり得るものがあれば徴税対象にした。ドゥブロヴニク共和国で課税されたのは塩である。ドゥブロヴニク商人がオスマン人と塩の取引をした場合、売却利益の三分の一をオスマン帝国が徴収した。オスマン中央政府からドゥブロヴニク共和国に塩の徴税官が派遣され、ドゥブロヴニク市部と沿岸村落部の二カ所に駐在館をおいた。ここでは市部に駐在したオスマン徴税官について述べておこう［Miović 2003］。

オスマン徴税官が起居し徴税業務を行う駐在館は、城壁内ではなく、北東のプロチェ門外にあった。そこはバルカン内陸への交易路の出発点である。おそらくオスマン官僚は城門を閉じると逃げ道がなくなる城内を避けて、城外に行政機関をおいたのであろう。

塩徴税官の任期は半年または一年で、人数は一～四名であった。このほか徴税官が個人的に雇っている書記や使用人がいた。徴収金はオスマン中央政府の財務庁に送金された。駐在館は財務庁の出先機関の役割を果たしていたのである。徴収金はバルカンの他都市に駐屯している軍隊の給与にあてられることもあった。

オスマン中央政府からドゥブロヴニクに派遣されている官僚は、塩徴税官が事実上のトップだった。そのため、非公式ではあるがオスマン中央政府・ドゥブロヴニク政府の両方から、慣習的にオスマン政府の代表として取り扱われ、諸業務の処理にあたった。業務内容はオスマン人書記によって文書化され保存された。

オスマン領内各地とドゥブロヴニクとの間の往来は活発で、日常的に多くのオスマン人がドゥブロヴニクに出入りした。交易、船の修理、病気治療等々、さまざまな目的で到来するオスマン人は各種の書類、証明書、報告書を必要とした。駐在館ではこのような文書の発行業務を取り扱った。このほか、オスマン人が関与した紛争や違法行為も裁定した。駐在館がこのような領事館的役割を果たすことはどちらの国にとっても非常に便利であった。

ドゥブロヴニク政府の行政庁「総督邸」は市中心部にあったが、宗主国オスマン政府の出先行政機関はこのように城門外にあった。オスマン帝国はドゥブロヴニクに軍隊を駐屯させていたわけではない。出先機関がドゥブロヴニク政府と連係し、交易活動の促進に寄与していたのである。

4-2　天災からの復興

大地震の一撃

中継交易都市として存在意義を確立していったドゥブロヴニク共和国に深刻なダメージを与えたのが一六六七年に発生した大地震である。ドゥブロヴニク周辺は地震の多い地域で、過去にもしばしば地震が起きていた。一六六七年四月六日午前、各教会ではちょうど朝のミサの最中で、いつも通り典礼の章句を唱えたとき、突然の揺れが襲い、あとの章句が続かなくなったという。多くの建物が倒壊し、舞い上がる粉塵で街は覆われ、井戸は濁って汚泥状態になった。朝食の時間帯だったため、調理の火が燃え広がった［Harris 2003: 320–321］。

総督はミサに出席中で、ミサが終わったあとに会議の予定があったため、総督邸付近にはドゥブロヴニク貴族たちが集まっていた。総督邸の被害も大きく、ここで三八人のドゥブロヴニク貴族が亡くなった。総督邸の向かいにあった大聖堂は完全に倒壊した［Harris 2003: 327–330］。図表4－1は地震の被害状況の推定図である。浅瀬の海を埋め立て、地盤がゆるかった市中心部は壊滅的被害を被ったと推測され、倒壊した大聖堂もここにあった［Carter 1972: 12］。

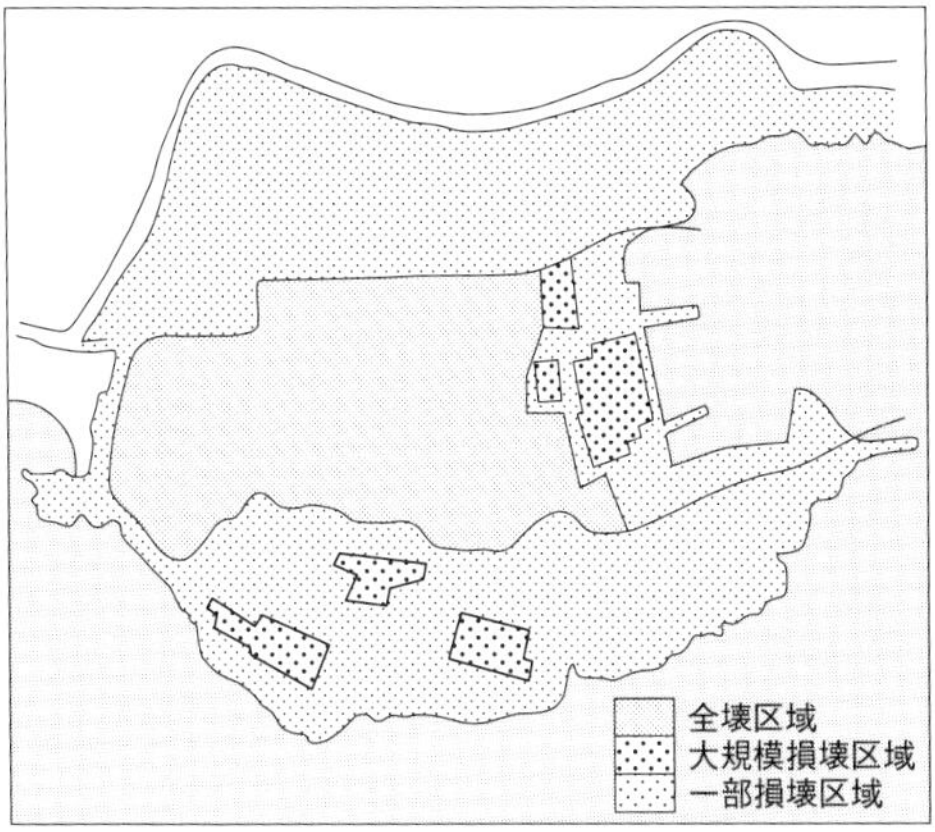

図表4–1　1667年の地震被害

出典：［Carter 1972: 12］

地震後の混乱のなかで、略奪、逃亡が発生した。国庫から金品を持ち逃げした貴族もいた。倒壊でつぶされたり焼失を免れた場合でも、貴族の邸宅は盗賊に荒らされて、めぼしいものは持ち去られた。のちに他の土地でドゥブロヴニクからの略奪品とおぼしき宝石類、銀器、衣服等々が売りさばかれた［Balija 2015, 2018］。

中世都市の被災者

市内で被災した聖職者、外交の任務で滞在中だった外国人などが上部機関に書き送った報告や手紙などがのちに各地で出版され、甚大な被害状況を伝えた。被害規模は被災者が経験した状況によって記載はまちまちで、現在の推定では死者は二〇〇〇人前後とされている。貴族の一人マルコ・バジルジェヴィッチは五月三日、ヴェネツィアに住んでいたいとこに手紙を書いた。被災した様子について次のような内容が綴られていた［Harris 2003: 327–330］。

マルコは地震発生の三〇分ほど前に自宅を出て、大通りに近い教会にいた。地震の揺れに驚いて教会を飛び出し、大通りのあたりで身を守る場所を探した。揺れがおさまると崩れ落ちた街の様子が目に入った。自宅へ駆けつけたが、完全に倒壊し、家族の安否はわからなかった。その晩は倒壊を免れたフランチェスコ会修道院の教会のなかで祈りながら夜を明かした。翌日、瓦礫のなかから息子一人と娘一人を救い出すことができた。他の七人の子ども、妻、母は救出できなかった。その後一〇日間、夜はピレ門の外で地面にじかに敷いた敷物に娘・息子と一緒に寝た。自宅から敷物二枚とメダイヨン二個を取り出すことができたが、他はすべて倒壊と略奪で失った。その後、城外に住む場所をみつけ、五月三日にいとこに手紙を書き、ヴェネツィアから鍵のかかるチェストを五つか六つ送ってくれるように頼んだ。

瓦礫からの復興

廃墟のように化した街のなかで、崩れなかった建物もある。市中心部では聖ヴラホ教会、行政機関が使うスポンザ館、城壁の角部にあるフランチェスコ会修道院、ドミニコ会修道院などである。市をとりまく城壁・城塞にも大きな被害は生じなかった。城壁北東の角にあるレヴェリン要塞が復興の拠点になった［Harris 2003: 327–330］。

生き延びた元老院議員のなかに人望が厚いルカ・ザマンジャという年長の貴族がいた。ザマンジャと有力貴族二人が核となり動き始めた。四月一〇日、レヴェリン要塞でローマ教皇宛に救援を求める書簡がしたためられた。同時に教皇庁で非公式ではあるがドゥブロヴニクの政府代表の役割を果たしていた者に書簡が送られた。懸念されていたのは混乱に乗じてヴェネツィアが征服をもくろむことである。また、オスマン帝国を刺激すると、軍隊を送りこんでくる口実にされる。ヴェネツィアとオスマンがドゥブロヴニクを抗争の対象にすることをあらゆる手段を使って止めるように指示が出されたという［Kunčević & Madunić 2015］。

地震から五日後、四月一一日にザマンジャを中心に暫定政府が発足した。本部はレヴェリン要塞に設置された。政府の緊急令が公布され、市外への逃亡を禁じた。治安維持のため、六人の隊長を任命し、兵士を集めた。各隊長に数十人ずつの兵士を配し、要所に配置した。また、ドゥブロヴニク共和国にとって最重要品、すなわち国庫金、弾薬、聖遺物が回収され、レヴェリン要塞に厳重に保管された［Horvat-Levaj 2002］［Harris 2003: 330–340］［Kunčević & Madunić 2015］。

危機への対応

四月一七日に早くもヴェネツィアの船が近隣の港に現れた。暫定政府は警戒したが、このときは、南部のコトルの状況を視察するということで、ドゥブロヴニクから立ち去った。しかし、四月下旬、ヴェネツィアでは船が無許可で出港することが禁じられた。これは戦争がはじまるときの常套手段で、戦闘の目的地はドゥブロヴニクとコトル湾だという噂が広がった。制圧なのか、救援なのか不明だった。教皇庁のドゥブロヴニク代表は近しい枢機卿に依頼し、ヴェネツィア大使に圧力をかけるように依頼した。ヴェネツィアがドゥブロヴニクを奪うことを懸念して、オスマン帝国がそれを理由に侵犯してくる可能性があったが、ドゥブロヴニクの城壁に大きな損害が生じなかったことは不幸中の幸いだった。自国で防御可能であることを示す有力な材料になった。地震による政治的不安定状況に対し、城壁の存在は侵犯抑止の効果を発揮したのである［Kunčević & Madunić 2015］。

外交的危機に対応するだけでなく、復興についても暫定政府の対応は早く、四月二〇日に税関、公衆衛生の各方面で復興の中核になる担当者が任命された［Harris 2003: 330–340］。ドゥブロヴニクには孤児院があり、役職者四人のうち三人が被災して亡くなった。孤児院には乳児がいて母乳を必要としていた。五月一日には乳母たちに給金の支払いが行われており、乳児などの社会的弱者への配慮も機能していた［Kralj-Brassard 2017］。

緊急時の復興はこのように進められていったが、甚大な被害と多数の死者によるダメージは大きく、本格的復興には時間も資金も必要とした。ドゥブロヴニク貴族の出身でフランチェスコ会の修道士にアントーン・プリモヴィッチ（Antun Primović）という人物がいた。のちにダルマチアの他教区で司教も務めた人物である。暫定政府はプリモヴィッチをヨーロッパに派遣し、被災者への救援を求める任務をまかせた［Pejić 2005］。

地震で倒壊した司教座聖堂《カテドラル》の再建が完成したのは四六年後の一七一三年のことである。再建後の初めてのミサは大地震からドゥブロヴニクが完全に復活したことを内外に示すもので、記念式典が盛大に挙行された。大司教がミサを執り行い、街の通りを聖職者の行列がドゥブロヴニクの守護聖人ヴラホの聖遺物をささげて人々の感謝と祝福を受け、総督と一〇〇名余の貴族がそのあとにつき従う祭典のマーチが繰り広げられた［Harris 2003: 330–340］。

4−3　ナポレオンのダルマチア支配

大国の揺らぎと翻弄

中央集権体制で広大な領土を治めてきたオスマン帝国も一八世紀後半になると統治体制が揺らぎはじめた。ロシアがオスマン帝国の勢力範囲を脅かすようになり、両者の間でしばしば戦争、すなわち露土戦争が繰り返されるようになった。

他方、ヨーロッパ西側からはフランス革命後、総裁政府のイタリア方面担当軍司令官に任命されたナポレオンが率いる軍隊がアドリア海沿岸に迫り、一七九七年にヴェネツィア共和国を滅亡させた。ヨーロッパ諸国は何度も対仏大同盟を結成し、フランス軍を相手に戦った。アドリア海沿岸の領有に関して、オーストリアとフランスが対抗するようになった。

このようにナポレオン戦争によってヨーロッパの勢力図はダイナミックに変わり、一九世紀初頭、ダルマチアはオーストリア、フランス、ロシアの三つの大国の勢力争いの場になった。ここにダルマチアやバルカンの民族運動や宗教的抗争が絡んだ。すなわち、マクロ的には墺・仏・露の大国間の勢力争いがあり、それにローカルな諸勢力の思惑と戦略が絡んで、ダルマチアの政治情勢は不安定になった。このような状況のなかで、一八〇八年ドゥブロヴニク共和国の独立は失われ、フランス領に組み込まれた。ドゥブロヴニク側からみた事態の推移は次のようであった［Carter 1972: 374–401］［Žurek 2002, 2012］［Piplović 2012］［Belamarić 2017］。

ナポレオン軍の南下

第一次対仏大同盟（一七九三～九七）が結成され、オーストリア軍はフランス軍と対峙したが、勝利をおさめることはできず、一七九七年に両国の間でカンポ・フォルミオ条約が結ばれた。これによってフランスはヴェネツィア本土を、オーストリアはヴェネツィア領ダルマチアを領有することになった。ドゥブロヴニク共和国の領土を除いて、アドリア海沿岸はコトル湾までオーストリア領となり、コトルにはオーストリア軍が駐留するようになった。コトルはドゥブロヴニクの南側に位置している（口絵1）。すなわち、オーストリア領に囲まれて、ドゥブロヴニク共和国が独立を維持している形勢になった。

一八〇四年、フランス第一帝政の皇帝に即位したナポレオンはオーストリアに圧力をかけ、オーストリア領になったダルマチアの割譲を要求し、一八〇五年一二月二六日、ダルマチアをナポレオン支配下のイタリア王国に併合した（プレスブルクの和約）。

ドゥブロヴニク政府は墺・仏の情勢を注視し、外交に細心の注意を払い、ナポレオンの皇帝即位や、イタリア王国のダルマチア併合の際に、ナポレオンに祝意を表明する外交使節を送った。

ナポレオン麾下の将軍が率いる仏軍は、アドリア海沿岸を南下しながらオーストリアから割譲された地域の併合手続きを進めていった。各地域の人口さえも把握していない状態で、領有手続きには予想外の時間を要した。予定では一八〇六年二月末には南端のコトルに達し、コトル駐留のオーストリア軍は撤退して仏軍に明け渡すことになっていたが、その日、仏軍はまだダルマチア中部に停滞している状態だった。

仏軍がコトルまで進むためには、陸路を使うとドゥブロヴニクの領内を通過することになる。仏軍はそれを希望していたが、ヴェネツィア滅亡の前例を知っているドゥブロヴニク政府はフランスの要求を回避すべく、代替案を提示した。仏軍が海路で移動できるように船の提供を申し出、フランス側も了承した。

仏軍が南下に手間取っている間に、三月六日にコトルを占領したのがロシア・モンテネグロの連合軍である。アドリア海沿岸部でセルビア正教の復権を画策するモンテネグロの主教がロシアと組んで仕掛けたものであった。コトル湾内にはロシア艦隊が駐留した。コトルはフランスとロシアの抗争の対象になった。

強国の代理戦争

仏軍の南下を阻止するため、ロシアはドゥブロヴニクにも圧力をかけてきた。以前からドゥブロヴニクとロシアとの交易状況は良好で、ドゥブロヴニクにとってロシアは失いたくない相手だった。ロシアがドゥブロヴニクに突きつけた難題のなかに、仏軍に海路移動の船を提供することを中止することが含まれていた。ロシア側からすれば、仏軍が陸路・海路のいずれをとるにしても、ドゥブロヴニクへの対応で手間取り、コトル到着が遅れることを期待したのである。

難局に立たされたドゥブロヴニク政府はやむなくロシアの要求を受け入れ、船の用意を中断した。他方、仏軍はドゥブロヴニク政府の了解なしで領土に進入して領域侵犯する強圧的手段をとることを躊躇した。仏軍の南下は停滞し、五月になった。

膠着した状況を変えたのはナポレオンである。仏軍に南下を催促した。仏軍司令官はドゥブロヴニク政府に気づかれないように海岸沿いの陸路ではなく、山越えの陸路を使って領域に進入する奇襲作戦をとった。ドゥブロヴニク政府が状況を察知したとき、すでに仏軍はドゥブロヴニク近郊まで迫っていた。親仏派のベテラン元老院議員が差し向けられ、領域侵犯を中止するよう仏軍司令官の説得にあたった。しかし、効果はなく、五月二七日午前九時半、ドゥブロヴニク北西ピレ門前にフランス軍八〇〇名があらわれた。

ピレ門に二人の元老院議員が出て、司令官に応接した。フランス側の要求はコトルに向かう前の休息・補給であった。また、司令官が直接にドゥブロヴニク政府と交渉することを要求した。司令官は前ドゥブロヴニク駐在仏領事を伴って城内に入り、総督と小評議会メンバーに面会することになった。

ドゥブロヴニク政府に対する司令官の要求は、ナポレオンの指令により、ドゥブロヴニクの要塞をフランス側へ明け渡すことであった。理由はロシア艦隊・イギリス艦隊の攻撃に備えて、フランス側の防備を固めるためで、イタリア王国に編入した他のアドリア海都市の要塞は仏軍が守備体制をしいており、ドゥブロヴニクだけを例外にできないというものであった。ドゥブロヴニクの自由と独立は尊重することも述べた。

強力な艦隊を動員する大国間の戦争の脅威を突きつけ、ドゥブロヴニクの守備が弱点になる可能性を指摘し、実力行使で迫ってきた仏軍に対し、打つ手はなかった。ドゥブロヴニク政府は要塞を仏軍の守備に委ねることになった。八〇〇名の仏軍兵士が城内に入った。

フランス軍がドゥブロヴニクに入城したことを知ったロシア・モンテネグロ軍は、ドゥブロヴニク近郊の海岸部に上陸する作戦をとり、仏軍との間で戦闘が始まった。郊外に住む農民など四〇〇〇名以上が城内に避難してきた。ロシア・モンテネグロ軍は海上と陸上の両方からドゥブロヴニクに攻撃をかけ、大砲を撃ち込んできた。六月に始まった包囲戦は二〇日間続いた。城内は一万五〇〇〇人の領民と仏軍兵士で、通常の三倍の人口にふくれあがった。城内には糧食が貯蔵されており、籠城に耐えた。七月初旬、仏軍の援軍が近郊に到着した。形勢不利になったロシア・モンテネグロ軍は引き上げていった。退却しつつ、領内の村落を略奪し焼き払った。近郊村落の荒廃した状況に、無秩序で暴力的なスラブの軍隊よりも、統制が効く仏軍のほうがましではないかという心情がドゥブロヴニクの人々の間に広がった。

ドゥブロヴニク共和国の終焉

仏軍はコトルを奪回し、一八〇七年六月にフランスとロシアはティルジットの和約を結んで、敵対関係を解消した。ロシアがコトルを侵犯する可能性はなくなったが、仏軍はドゥブロヴニクから撤退せず、要塞を占拠し続けた。

ナポレオンは麾下のオーギュスト・マルモン将軍をイタリア王国のダルマチア総督に任命した。ダルマチアの統治に当たることになったマルモンは陸路の移動経路の改善に取りかかり、ダルマチアを貫きコトルまで達するアドリア海沿岸道路を計画した。建設計画はドゥブロヴニク領内を貫通するもので、工事に農民を徴用することが含まれていた。強圧的な徴用に反感をいだいたドゥブロヴニクの農民たちは工事のサボタージュを繰り返した。ドゥブロヴニク政府はマルモン将軍に対し、農民たちに適切な労賃を支払うように要請した。

協議のため、一八〇七年八月一二日、マルモンはドゥブロヴニクに入った。ドゥブロヴニク政府が道路建設に異議を述べることを警戒していた。両者の間に見解の食い違いがいろいろあった。元老院議員との協議のなかでマルモンは「あなたがたは私たちのものになる」という趣旨のことを口にした。元老院議員たちは驚いて、ドゥブロヴニク共和国がナポレオンのイタリア王国ダルマチア領に併合されるという公式の発言をこれまで聞いたことがないことを明言した。しかし、噂は瞬く間に広がり、併合の憶測は国際的にも広がって、イタリアのジャーナリズムが書き立てる事態になった。

ドゥブロヴニク政府が独立を保持していることを明確に示す努力は続けられ、オスマン帝国の協力を得ようとした。しかし、国際情勢はフランス側に有利で、フランス側はドゥブロヴニクが仏軍に占領されて何年も経過し、併合は既成の事実であるという強圧的な姿勢に転換した。コンスタンティノープルではフランス大使がドゥブロヴニク政府官員を監視下におき、オスマン領内に停泊しているドゥブロヴニク船舶に対し、船に掲げている共和国旗をナポレオンのイタリア王国旗に替えるように強要した。

マルモンはドゥブロヴニク共和国が終焉したと公式に述べることはしなかったが、ドゥブロヴニクに対する要求は強圧的なものになり、一八〇七年一〇月にはフランス船に乗組員を三〇〇人供出するように圧力をかけてきた。ドゥブロヴニク政府は中立性を侵害するものだと抗議したが聞き流された。一二月二一日にはマルモンからの指令として、ドゥブロヴニク船舶はすべてイタリア王国旗を掲げるように通知された。

ドゥブロヴニク政府の抵抗は続いたが、一八〇八年一月三一日午後二時頃、仏軍大佐が部隊を率いて総督邸に乗り込み、フランス帝国からの指令としてドゥブロヴニク政府および元老院の解散を命じた。

激動の近現代

このような経緯でドゥブロヴニク共和国は終焉を迎えた。ドゥブロヴニクは国家として独立を喪失し、一八〇八年にイタリア王国に併合された。翌一八〇九年にフランス領「イリリア諸州」として再編され、他のダルマチア地域と同じ経過をたどった。

ナポレオン失脚後は、一八一五年に調印されたウィーン議定書でオーストリア領に属することになった。その後、ドゥブロヴニクを領有する国家は次のように変遷していった。一八六七年に「オーストリア・ハンガリー帝国（オーストリア・ハンガリー二重帝国）」が成立、第一次世界大戦後の一九一八年に「セルビア人・クロアチア人・スロヴェニア人王国」独立、一九二九年に「ユーゴスラヴィア王国」に改称、第二次世界大戦後は一九四五年に「ユーゴスラヴィア連邦人民共和国」が成立、一九九一年六月に「クロアチア共和国」が独立宣言し、クロアチア独立戦争を経て、一九九二年五月に「クロアチア共和国」は国連加盟を認められた。

一九世紀初頭に独立を喪失して二〇〇年余、バルカンをめぐる激動の近現代史のなかで、ドゥブロヴニクは都市国家だった時代に築いた城壁および多くの文化的遺産を保持して、一九七九年にユネスコの「世界文化遺産」に登録された。

第5章　都市共同体と守護聖人

❖水先案内――都市国家とシンボル

ウェーバーは都市共同体について、独自の守護聖人のもとで「仲間」としての誓いを立て、信義を貫くことに価値をおいた集団という社会的性格を指摘している。ドゥブロヴニクでは守護聖人ヴラホが都市共同体の「信義」の象徴であり、共同祈願の対象だった。このような宗教シンボルは、ドゥブロヴニクが都市共同体から都市国家へと発展する過程で、その意義や役割をどのように深めていったのだろうか。

ヴェネツィアが覇権を握るアドリア海沿岸都市のなかでも、ドゥブロヴニクは自国の貴族層から行政長官を選出して自治を行うことが可能で、都市国家として独自の位置づけにあった。

聖ヴラホ教会のファサードに立つヴラホ像が街を見守る（筆者撮影）

地中海経済圏では覇権国家ヴェネツィアと、追随国家ジェノヴァの経済的、軍事的闘争が波状的にくり返され長期間継続した。ドゥブロヴニクは経済的に地中海「世界システム」に属しつつ、政治的、軍事的に都市国家として独立した価値を明示し続ける必要があった。このような政治的、軍事的状況のもと、宗教的シンボルは都市国家や都市機能の維持にどのような役割を果たしていたのだろうか。人々の生活を脅かすリスクは多様である。人々の身近な生活世界に寄り添う存在である守護聖人はドゥブロヴニクの人々にどのように受容されていたのだろうか。

5-1　共同祈願のシンボル

遍在する聖ヴラホ像

古くは複数の聖人がドゥブロヴニクの守護聖人として崇められていたという［Badurina 1980: 148］。いつしか守護聖人は聖ヴラホ（Vlaho, Blaise）にしぼられ、二月三日の「聖ヴラホの祝日」には聖遺物を捧げた聖体行列が行われ、壮麗な祭典が繰り広げられるようになった。

ドゥブロヴニクを訪れる日がこの祭日でなくとも、ドゥブロヴニクに入ると聖ヴラホ像をあちこちで見かけることになる。北西のピレ門、または北東のプロチェ門を通って市内に入ることが一般的で、どちらの門を通るときにも頭上で聖ヴラホが迎えてくれる（図表5-1、5-2）。城壁の外を歩けば、要塞に刻まれている聖ヴラホが目に入る（図表5-3、5-4）。聖ヴラホをシンボルにした共和国旗が城壁の上で、海風に翩翻とひるがえっている（図表5-5）。

図表 5-2　プロチェ門　聖ヴラホ像

図表 5-1　ピレ門　聖ヴラホ像

図表 5-3　ミンチェタ要塞　聖ヴラホ像

図表 5-5　レヴェリン要塞　聖ヴラホをシンボルにした共和国旗

図表 5-4　ロヴリェナツ要塞　聖ヴラホ像

（図表 5-1〜5-5　筆者撮影）

図表5-6は城門・城壁など外周部に刻まれている聖ヴラホ像の分布図である。昔からの城門、すなわちピレ門（外門、内門）、プロチェ門、ポンテ門には聖ヴラホが刻まれている（現在、ポンテ門の聖ヴラホ像は総督邸文化歴史博物館に所蔵、北側のプジャ門は一九〇八年に新しく開けられた門なので、そこには聖ヴラホ像はない）。城壁とともにぐるりと、聖ヴラホが街をとりまいて守っている。

身近な守護聖人

図表5-7のように市中要所でも聖ヴラホ像が目に入る。ルジャ広場に面して聖ヴラホ教会がある。教会の空高く、黄金のミトラ（司教冠）の聖ヴラホ像がそびえ、街を見守っている。教会の中央祭壇は聖ヴラホに捧げられ、祭壇中央には黄金の聖ヴラホ像が納められている。側廊の祭壇も聖ヴラホに捧げられ、ドゥブロヴニクの街を胸にかかえた像が掲げられている（口絵3）。祭壇で親子が手をあわせ、母が幼い子どもに聖ヴラホのことを語っている光景を目にした。目を通して、耳を通して、聖ヴラホのエッセンスがいまも子どもたちの精神や身体にしみ入っていく様子がみえるようだった。

聖ヴラホ教会を出れば、広場を隔てて、向かいのスポンザ館にも聖ヴラホ像がある（図表5-8）。市の催しものや行事がここで行われているが、劇に出る子どもたちが衣装を身につけて、聖ヴラホ像の下で出番を待って遊んでいた。小さい頃から、日常生活のいたるところで、聖ヴラホを身近に感じて育つ環境が形成されている。

総督邸などの政治行政機関、市の穀物倉庫など、市の重要建造物にも聖ヴラホ像が刻まれている。このように聖ヴラホは現在もドゥブロヴニクを象徴するシンボルとして生活のなかに深く根をおろしてい

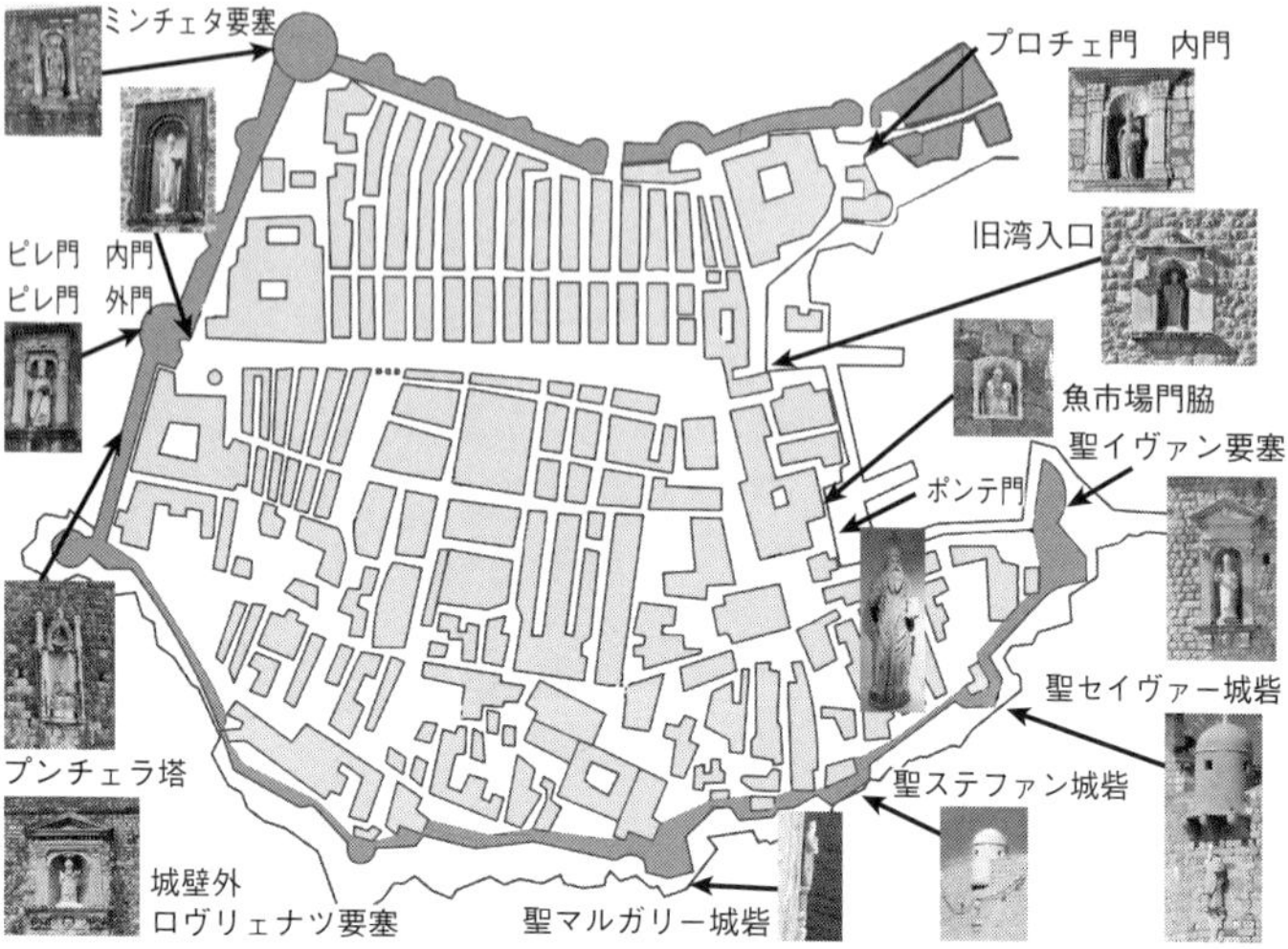

図表 5-6　聖ヴラホ像（城壁・城門）分布図

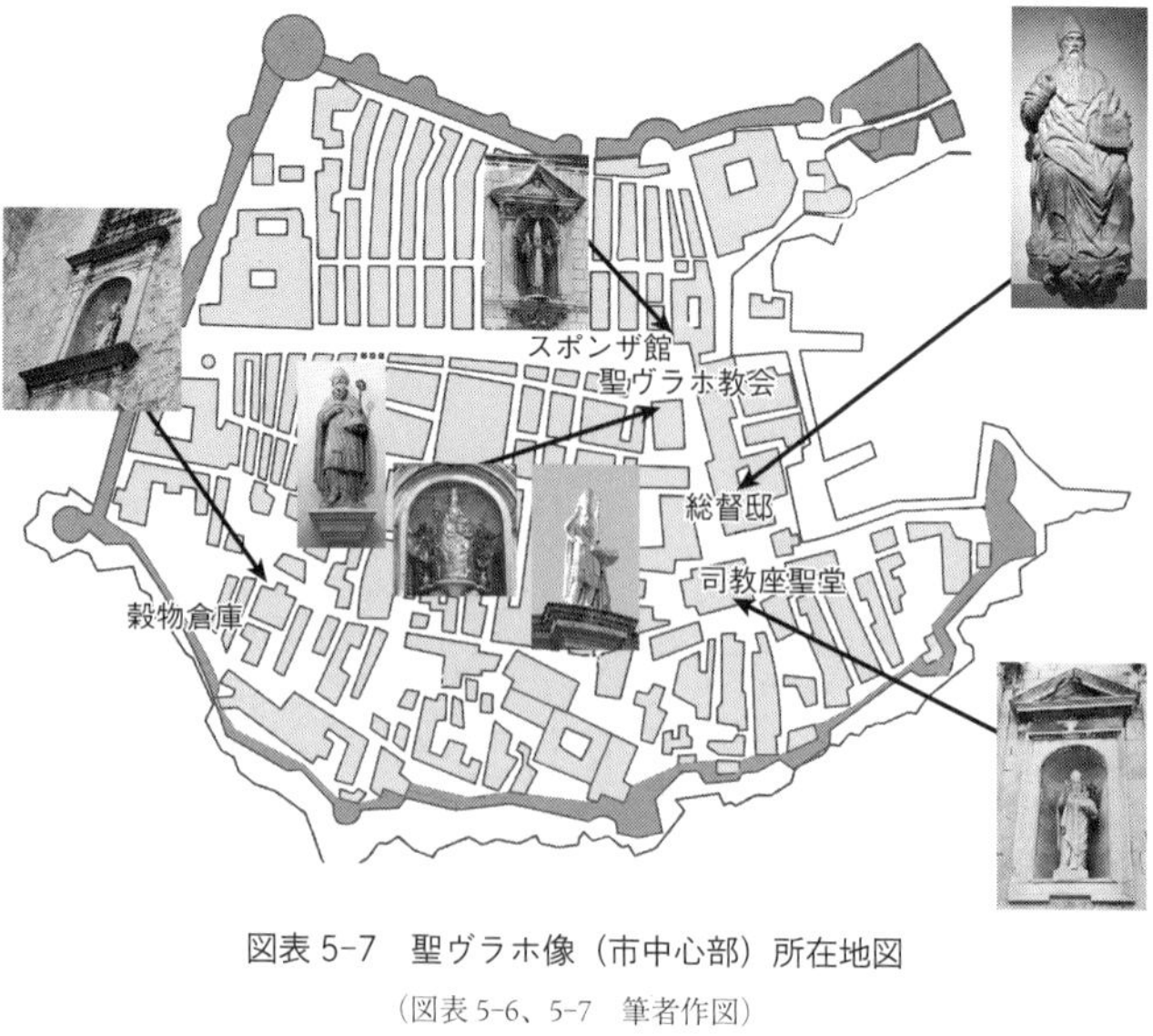

図表 5-7　聖ヴラホ像（市中心部）所在地図

（図表 5-6、5-7　筆者作図）

る。

ドゥブロヴニクの守護聖人ヴラホが都市共同体で果たしてきた機能を、宗教的機能（信仰、崇敬）、政治的機能（統一、団結）、民俗的機能（救済、生活）の三つの面から掘り下げてみることにしよう。

5-2　守護聖人の宗教的機能

聖人伝説

ドゥブロヴニクでヴラホが守護聖人として受容されるようになったいきさつは次のように語り伝えられている。

図表5-8　スポンザ館
（筆者撮影）

ドゥブロヴニクがビザンツ帝国を宗主国とし、まだヴェネツィア支配下に入っていない頃の出来事である。東方貿易の寄港地を求めてヴェネツィアは、ある夜ひそかにドゥブロヴニクの港に船を侵入させた。ドゥブロヴニクではまだ誰もこのことに気づいていなかった。ドゥブロヴニクの教会ではストコという神父が真夜中の祈りを捧げていた。目の前にひげの老人があらわれ、ヴェネツィアの急襲を告げた。カッパドキアのヴラホであると名乗った。このお告げで、ヴェネツィアの不意打ちをかわすことができた。以後ドゥブロヴニクの人々は、守護聖人として崇めるようになったという［Kremenjaš-Daničić, *et al.*, ed. 2012: 103–105］。この伝説では、アドリア海の制覇をめざすヴェネツィアの脅威と、対抗する力の源として聖ヴラホが語られている。

アナトリア高原のカッパドキア（現トルコ）はローマ帝国の属州の一つで、キリスト教の信仰者が洞穴にこもって祈りを捧げた岩窟が数多くあることで知られている。三一三年にローマ皇帝コンスタンティヌス一世がミラノ勅令を発してキリスト教は公認されるようになったが、帝国内ではまだ迫害が続いていた。カトリック教会の聖人伝では、ヴラホは二八〇年頃にカッパドキアで生まれ、洞穴にこもる信仰者の一人であったが、迫害をうけて処刑されたと伝えられている［Kremenjaš-Daničić, *et al.*, ed. 2012: 13］［Butler 1894］［Delehaye 1962］。

ヴラホが聖人として列聖された時期については不明であるが、一五八四年に公刊されたローマ教皇庁の印刷物（枢機卿による殉教伝）に殉教者として記載されており、一六四三年には聖人として記載されるようになった［Kremenjaš-Daničić, *et al.*, ed. 2012: 13］。

教皇庁による列聖と都市コムーネによる守護聖人化との関連については、教皇庁が正式に列聖していなくても、イタリア半島の都市コムーネでは当該地域の偉人などを聖人として崇敬することが行われていた。共和制の都市コムーネに顕著にみられる特徴の一つであったという［金原 2009］。

ドゥブロヴニクでも東方出身と伝承されるヴラホが守護聖人化された。これはローマ人を出自とする都市共同体が内陸交易によって東方との関係を強め、都市共同体の宗教的・文化的構造のなかに東方的要素が取り込まれていったプロセスの反映であると考えられている［Badurina 1980: 148］。

聖人崇敬と聖遺物

ドゥブロヴニクにおける聖ヴラホのように、特定の集団が特定の聖人を敬い、社会構造のなかで何らかの機能を果たすようになる社会現象を「聖人崇敬（cult）」という。「聖人崇敬（cult）」は一神教のキリスト教においては、神を崇拝する補助手段の一つとされる［秋山 2009: 20–46］。聖人崇敬は、特定の聖人に聖堂を捧げる行為へと結びつき、また聖人ゆかりの「聖遺物」を収集する行為に発展していった。「聖遺物（relics）」とは、本来は聖人の遺体・遺骨やその一部のことである。聖人崇敬、聖遺物収集がさかんになるにつれて、「接触物」も聖遺物とみなされるようになった。「接触物」とは「聖人や遺体・遺骨」が接触したもののことで、たとえば遺体を包んだ亜麻布や、遺体を安置した石棺などもそれにあたる。聖人や遺体と接触したものには不思議な力が宿り、「聖遺物」は細かく分割されても霊力は持続すると考えられていた。霊力は伝播し、「接触物」に触れたものも霊力を有するようになるとされた［秋山 2009: 20–46］。

イタリア半島の都市コムーネでは一一世紀頃から市壁、政庁、聖堂の建設が進み、聖人崇敬、聖遺物収集もさかんになった。十字軍を介して東方の聖遺物を入手する機会が増えたこともあって、他都市との差異を際立たせるため、高名な聖人の遺物を入手することに熱意がそそがれた［金原 2009］。

聖堂の奉献

聖遺物の入手で有名な例はヴェネツィアである。九世紀、ヴェネツィア商人がエジプトのアレキサンドリアで聖マルコの聖遺物を入手し、ヴェネツィアに運んできた。十二使徒の聖マルコの遺物が手に入ったことを歓んだヴェネツィア共和国政府は、これ以降、マルコを守護聖人とするようになった。サン・マルコ寺院を建立し、国旗はマルコゆかりの翼のある獅子の意匠にした。

このように聖人崇敬が浸透すると、聖堂建設、聖遺物収集という具体的行為に発展していった。ドゥブロヴニクでも同様の現象が生じた。ヴラホに捧げる聖堂が建立されたのは、ヴェネツィアに支配されるより前、一〇世紀後半と推測されている。建てられた場所については諸説ある。その後、一一～一二世紀に聖遺物収集が始まった［Harris 2003: 238–243］。

現在、聖ヴラホ教会はルジャ広場に立地している。ここに新たに建造するきっかけになったのはペスト流行である。一三四九年二月、疫病の流行が始まった。一カ月後、小評議会はヴラホに新たな聖堂を奉献することを立案し、大評議会は全会一致で承認した。ペストの脅威がおさまるようにとヴラホに祈願した切実な心情が伝わってくるようである。

ロマネスク様式の聖堂が広場中央に建立された。黄金製の聖ヴラホ像が献納されたのは一五世紀半ばで、製作はドゥブロヴニクの金細工職人と伝えられている［Harris 2003: 238–243］。既述したように中央祭壇に黄金の聖ヴラホ像が安置され、いまも聖ヴラホ崇敬の中核になっている。

一六六七年の地震で聖ヴラホ教会は倒壊を免れた。しかし、一七〇六年に大火が発生し、ロマネスク様式の教会は損壊した。その後、バロック様式で再建されて、教会のファサードの上部に大きな聖ヴラホ像が作られた（図表5-9）。

ドゥブロヴニクの外交使節が困難な交渉に向かう際は、聖ヴラホ教会で加護を祈ってから旅立った。

北東のプロチェ門を出るときに、最後にもう一度聖ヴラホ教会をふり返り、一礼してから出立していったという［Harris 2003: 238–243］。

5-3　政治的機能と正統性

公準と恩赦

ドゥブロヴニクで聖ヴラホは宗教的崇敬の対象であるにとどまらず、一三世紀半ば頃から都市コムーネの政体を象徴するようになった。ドゥブロヴニクが他国や他都市と約定を締結する際に、聖ヴラホの意匠を配した都市印章を用いるようになったのである。

都市印章とは、該当の都市政体がその文書を発行したことを証明する印璽で、その都市が主体になって行政を執行していることを示す［古川 2006］。蠟（ワックス）などに、独自の意匠を刻印し、文書に付した。ライン川沿岸の都市では一三世紀に都市印章がさかんに用いられるようになった。デザインのモチーフには聖人や市壁のほか、市壁に囲まれた教会などが使われるようになった。「市壁」や「聖

図表5-9　聖ヴラホ教会

（筆者撮影）

人」と同様に、独自の「教会」が自治的な都市であることの表象の一つになっていったのである［古川 2011］。

ドゥブロヴニクでも、ライン諸都市と同様に一三世紀に都市印章が使用されるようになった。そのデザインは、中央に聖ヴラホ、その背後に二つの塔を備えた市門、塔には「Sanctus Blasius（聖ヴラホ）」の頭文字の「S」と「B」がそれぞれ付されていた［Harris 2003: 130–132］［Krekić 1972＝1990: 33］。このように「市壁」や「聖人」を意匠にした点もライン諸都市と共通する。ドゥブロヴニクでは、既述したように一四世紀に聖ヴラホに捧げた聖堂が新築された。都市コムーネの政体が整っていく過程で、市壁と同様に聖ヴラホや聖堂が都市アイデンティティのシンボル的機能をあらわすようになっていったのである。

このように聖ヴラホは政体を象徴する存在となり、公文書の冒頭には聖ヴラホへの宣誓が記されるようになった［Kremenjaš-Daničić, *et al*., ed. 2012: 105］。聖ヴラホのもとで、内容が真正なものであることが証明されるようになったのである。

また、司法的な裁定では、聖ヴラホに免じて恩赦が実行された。通常、債務者は罰則として社会生活から排除された。しかし、聖ヴラホの祝日の前後三日間（合計七日間）だけは罰則規定から解放された。債務抹消の手続きは聖ヴラホの旗のもとで行われた［Kremenjaš-Daničić, *et al*., ed. 2012: 106］。聖ヴラホに免じて通常の社会的規則を超越した特赦が実行されたのである。

図表5-10は総督邸に掲げられていたという一五～一六世紀の聖ヴラホのテンペラ画である。抱えられているドゥブロヴニクの町は大きく、発展していた様子を示している。市壁にぐるりと刻まれている聖ヴラホ像はドゥブロヴニク政府が設置させたものである。

このように聖ヴラホは政体の公準や社会的な公認を象徴した。ドゥブロヴニクで貨幣が鋳造されるようになると、聖ヴラホ像が刻印された。一九三〇年代のことであるが、バルカン半島で調査していた民俗学者はヴラホが刻まれた貨幣を目にしたことを述べている［Durham 1934: 163］。

聖遺物容器の顕示

このようにドゥブロヴニク政府は聖ヴラホを介して、政体の正統性をアピールした。貴重な聖遺物を所有していることや、聖遺物を多く所有していることは、都市政体の存在意義や名声を高めることにつながった。ドゥブロヴニクでもヴラホの聖遺物が熱心に収集された。ドゥブロヴニクで最も価値があるとされている聖遺物はヴラホの頭骨の一部と、右手の骨の一部といわれているもので、現在はドゥブロ

図表 5-10　総督邸の聖ヴラホ像（テンペラ画）　15～16 世紀

出典：［Dubrovnik Museums 2012: 51］

図表 5-11　聖遺物容器（ドゥブロヴニク・ドミニコ会修道院博物館：身体部位型）

（筆者撮影）

図表 5-12　聖ヴラホの聖遺物容器（王冠型）

聖ヴラホの聖遺物（頭骨の一部といわれているもの）が納められている。ドゥブロヴニク大聖堂宝物庫所蔵　出典：［Brigovic 2012: 108］

ヴニク大聖堂宝物庫に収蔵されている。頭骨は一〇二六年にドゥブロヴニクに到来したと伝承されている［Kremenjaš-Daničić, *et al.*, ed. 2012: 111］。

一般的に聖遺物は、もとは祭壇の下や内部に納められたが、聖遺物収集がさかんになると、聖遺物容器を製作し、一般にも公開する機会が設けられるようになった。聖遺物容器の形態は多様で、神殿を模したシュライン型、身体部位型（足脚型、腕型、手掌型、指型）などがある（図表5-11）。豪華な容器は金や銀で細工され、宝玉がちりばめられた。製作には多額の費用がかかり、一般的に注文主は王族・貴族、教会や聖堂参事会、高位聖職者、資産家などである。聖遺物が公開される日は限られており、該当の聖人や都市政体にゆかりの祝祭日、儀式などの節目であった。聖遺物に接近し、霊力の恩恵にあずかって病気や怪我を治そうと救済を期待する人々が熱狂して集まった。豪華な容器に収められた貴重な聖遺物は評判をよんだ［秋山 2009: 92-117, 146-148］。

ドゥブロヴニクでも貴族層が製作費用を寄付し、さまざまな聖遺物容器が製作された。ヴラホの頭骨（と伝承されているもの）は、現在は王冠形の容器に入れられ、ドゥブロヴニク大聖堂（カテドラル）の宝物庫に収蔵されている（図表5-12）。もともと金属製の原型となる聖遺物容器があったが、一六六七年の大地震の際に、大聖堂は倒壊し、聖遺物は散逸を免れたが、聖遺物容器は修復が必要になった。ヴェネツィアの金細工師フランチェスコ・フェローが修復を手がけ、金細工にエナメル装飾を散りばめ、一六九四年に修復が完成したことを示すフェローの署名が金線細工で入っている。エナメル装飾は宝玉を使うよりも価格を抑え、かつ豪華さを損なわない効果があった［Munk 2016］。

現在、聖遺物および聖遺物容器の多くはドゥブロヴニク大聖堂に保管され、クロアチア独立戦争後の二〇〇二年に確認したところでは一七二点の聖遺物があった（大聖堂宝物室配布資料）。

領域拡大と統治戦略

都市印章の図像解釈学では、印章の図像に都市ゆかりの教会堂が使われるようになったことについて、おおよそ次のように説明している［古川 2011］。

市壁で区切られた領域に依拠して共同体が存立していた時代は、具体的な建造物（市壁）で明確に特定できる範囲で共同性の感覚を共有していた。ところが、市壁外に領域が拡大してゆくと市壁はアイデンティティ共有の手段としては不充分で、他の手段が必要になる。その際に動員されるようになったのが都市独自の「教会」である。守護聖人の図像を冠した「教会」が分布する空間的範域を共同体とみなすようになっていった。都市国家の境界は市壁に依存するのではなく、「都市をとりまく教会群」として表現されるようになっていった。

　ドゥブロヴニクにおいても、一四～一五世紀に、新たに領有することになった市壁外の領域に聖ヴラホに献じる教会が建築された（図表5-13）。市外に拡大した領土は近隣のスラブ系領主から購入して得たもの、譲渡されたものなど取得の経緯はさまざまである。ドゥブロヴニク政府は市外の領土をおおよそ六区域に分けて統括し、それぞれの区域の中心部に行政官の駐在館を設け、隣接地に聖ヴラホ教会を建設した。図表5-13に示したようにこのような新設の聖ヴラホ教会は六カ所に展開していた［Marinković 2009］。

　このようにドゥブロヴニク政府は聖ヴラホのシンボルを政治的に活用し、新しく包摂した地域の領有権を明示する手段にした。市壁は物理的に固定されているが、教会は領域の拡大・喪失に応じて、設置

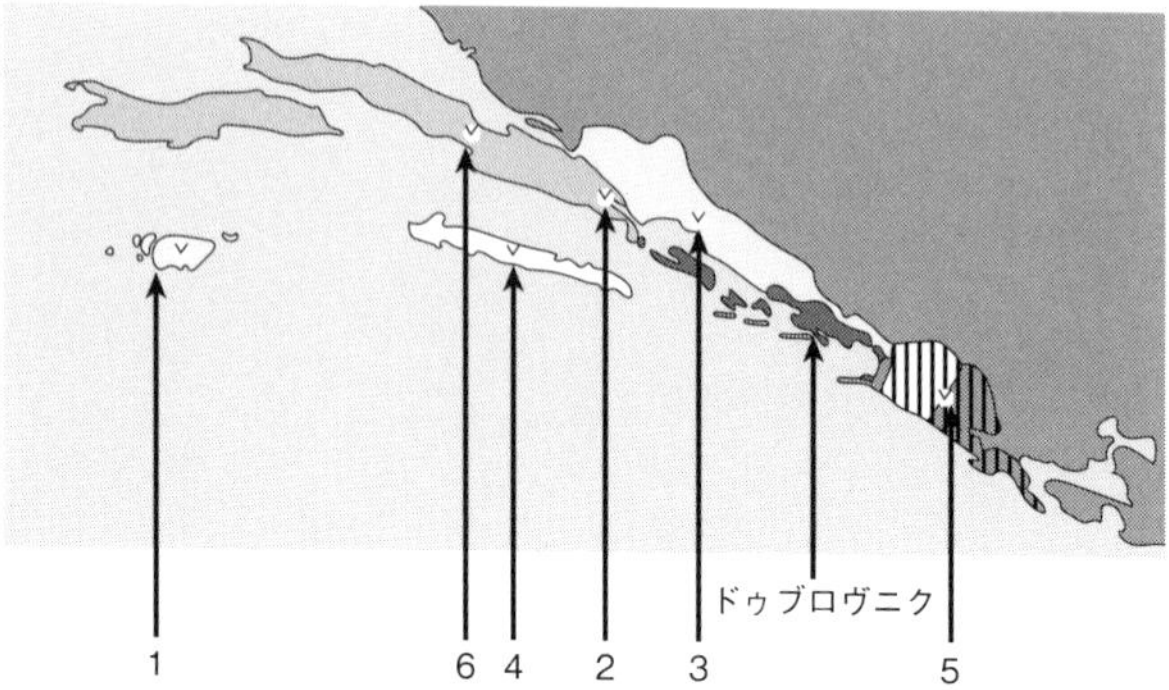

1　1252年　ラストヴォ島取得
　1252年以降　聖ヴラホ教会建設

2　1333年　ペリェシャツ半島：ボスニア領主およびセルビア王国から購入
　1340年代なかば　ペリェシャツ半島東部に聖ヴラホ教会建設

3　1399年　プリモーリェ：ボスニア国王より譲渡
　1407年　スラーノに聖ヴラホ教会建設

4　1410年　ムリェット島取得
　1410-20年　ムリェット島に聖ヴラホ教会建設

5　1419年　コナヴァレ：領主のボスニア公爵より購入
　1438年　コナヴァレ（Privorje）に聖ヴラホ教会建設

6　1465年　ペリェシャツ半島中部（Janjina）に聖ヴラホ教会建設

図表5-13　領内の聖ヴラホ教会

出典：［Marinković 2009: 17］を基に筆者修正

は可変的である。都市の守護聖人に献じた聖堂を市外領域に建造し、都市国家として共同感覚を共有する促進の手段にした。聖ヴラホのシンボル機能活用のなかには、このような政体による高度な政治戦略も含まれていた。

このような政治的な統治手段として設けられた聖ヴラホ教会のほかに、ドゥブロヴニク近郊には聖ヴラホ崇敬の信者が巡礼する聖ヴラホ教会が点在していた。図表5-14は市門を出て歩いて四〇分ほど、ラパッド半島のゴリカの丘に立つ聖ヴラホ教会である。考古学的史料・文献資料の両方から一三世紀にはこの場所に聖ヴラホ教会があったとされ、巡礼の対象になった教会のなかで古いものの一つである［Kremenjaš-Daničić, *et al.*, ed. 2012: 104］。この丘からの眺望はすばらしい。アドリア海に面し、海側、陸地側の両方に三六〇度の視界が開けている。ドゥブロヴニクの街もよく見える。ドゥブロヴニク側からも城壁に立つとゴリカの丘がよく見える。戦争の際に、ゴリカの丘に斥候を出しておくと、敵の動きをよく把握することができる。北側に連なる丘陵の頂上も見えて、煙で信号を上げれば、ゴリカの丘を経て、ドゥブロヴニクの街まですばやく情報を送ることができただろう。現在もゴリカの丘付近を含めて、これらの丘の頂上はクロアチ

図表5-14　ドゥブロヴニク郊外の聖ヴラホ教会（ゴリカ）

（筆者撮影）

ア軍に管理されている。立ち入り禁止の柵があり、内側ではクロアチア国旗がアドリア海の風になびいている。眺望のよい丘にあって巡礼対象であったこと、共同防衛の拠点として有用であることはコインの両面のようなものである。この丘の聖ヴラホ教会の前に立つと、ヴラホにドゥブロヴニクの守護を託した人々の思いが、市内に居るときと違う側面から迫ってくるようである。

5-4　守護聖人の民俗的機能

異界への橋渡し

ヴラホ伝説にはヴラホに救済されたさまざまな人々が登場する。ある老女は飼っていた豚がオオカミに襲われた。ヴラホがオオカミを諭すと、老女のもとに豚がもどってきた。また、ある子どもは魚の骨が喉に引っかかって困っていた。ヴラホは子どもが咳をすると喉にささった骨がとれるように助けてくれた。

　このようにヴラホ伝説には「生き物」がよく登場する。人間が困っている状況を生き物に伝えて、正常にもどす手助けをしてくれる。聖ヴラホは、動物などに象徴される異界と人間界を橋渡しする霊力をもった存在で、正常な秩序を回復させる力があると信じられていたといえよう。

　日常生活のなかで何か調子が狂ってしまったとき、病気や怪我の治癒、救済を求めて、人々は聖人や聖遺物にすがった。ヴラホはとくに「喉」に関することに治癒効果があるとされた。二月三日「聖ヴラホの祝日」に、喉に二本の蠟燭《ろうそく》をあてて祝福を受ける習慣が各地で広くみられた（図表5-15）［Kirsch

1907]。前日の二月二日はカトリック典礼暦で「主の奉献の祝日」といい、各地で聖燭行列を行う習慣がある。ドゥブロヴニクでも二日からキャンドルサービスが始まって、翌三日の聖遺物行列へと連日の祭典が続く。聖人崇敬に「蠟燭《ろうそく》」と「喉」が結びついて、祝別を受ける慣習になったのだろう。

聖ヴラホに「喉」の無事を祈る慣習は、男性が襟首につけるカフスの意匠にも反映されている。図表5-16は男性用上着の襟首につけた装飾用カフスボタンで（ドゥブロヴニク民俗博物館所蔵：cat. no. 55）、聖ヴラホ像が刻まれている。一九世紀のドゥブロヴニク製で、金銀に細かな細工が施されている。ボタンの片方にはドゥブロヴニクの街を抱えた聖ヴラホの半身像、もう片方には司教の錫杖を握った聖ヴラ

図表5-15　喉に2本の蠟燭をあてて祝福を受ける

出典：[Kremenjaš-Danicic, *et al.*, ed. 2012: 117]

図表5-16　聖ヴラホ襟首カフスボタン

ドゥブロヴニク民俗博物館所蔵（cat.no.55）　出典：[Margetić 2017: 15, 92]

1、2のいずれも聖ヴラホ像が刻まれた襟首のカフスボタン。19世紀ドゥブロヴニク製、材質：金、銀

ホが刻まれている。喉に近い襟首につけ、聖ヴラホに加護を託したのであろう。
このように日常生活に生じた異常を異界へ伝え、「正しい秩序」の回復と維持を願う心情が聖ヴラホ崇敬の核にあるといえよう。

ギルドの守護聖人

聖ヴラホ伝説はバルカン諸国、イタリア、スイス、ドイツ、フランス、イギリスなどヨーロッパ各地に広がっており、特定の職業集団やギルドがヴラホを守護聖人として崇敬する現象が各地にあった[Kremenjaš-Daničić, *et al.*, ed. 2012]。「生き物」に縁が深い職業集団である。

伝説ではヴラホの最期について次のような逸話がある。ヴラホが信仰者として瞑想していた洞穴のまわりに動物たちが群がるようになった。不思議な力をもっていることが危ぶまれ、ヴラホは捕らわれの身となった。笞打ちの刑の後、生身の身体は木にぶらさげられて、熊手で引き裂かれて亡くなった［Butler 1894］［Delehaye 1962］。

処刑の「熊手」は羊毛梳きの「梳き櫛」を連想させる。ヴラホは羊毛梳き工のギルドや羊毛生産者の集団から守護聖人として崇められるようになった。たとえば一三世紀のプランタジネット朝イングランドでは、主要生産品の一つは原料羊毛で、大陸に輸出され毛織物に加工された。原料羊毛の生産がさかんになるにつれて、羊毛生産の職工たちの間に、聖ヴラホ（＝聖ブレイズ）への崇敬が拡大した。イングランド中部の羊毛産地ハリファックスやブラッドフォードでは一二二一年頃、「聖ヴラホの祝日」は仕事は休みで、聖体行列が行われたという。ロンドンの教会にも聖ヴラホ像が祀られており、二月三日に蝋燭が奉納され、喉の治癒を祈願する人々がいた［Webster & Gelin 2016: 302］。

櫛形のお守り

処刑の「熊手」から連想された「櫛形」と「生命」の関連は強烈であったらしく、聖ヴラホを「櫛形」に象徴させて、「いのち」を守る祈願の風習も各地でみられた。たとえば、時代は下るが、一九三〇年代に毎年のようにバルカン半島のモンテネグロで民俗調査を行ったイギリスの研究者がいた。ドゥブロヴニクに立ち寄るのを常とし、馬の首につける馬具に「櫛形の飾り」があるのをよく見かけたという。「櫛形」は馬を守るために付けられているものであった［Durham 1934: 163］。

同じ時期に、ドイツでも「櫛形」の意匠が羊毛産地で広く用いられていることが、研究者によって報告されている。一九三三年、バイエルン地方のローテンブルクで、農場で飼育されている馬の耳の後ろに小さな真鍮製の「櫛」がついているのを見た。農民たちは単なる飾りと思っていたが、研究者の視点からみると次のように推測された。この地域は中世には羊毛産地で、宿屋の看板には子羊が描かれ、牧羊とゆかりが深い教会、舞踊等々が残っていた。羊毛労働者の守護聖人は聖ヴラホであり、「櫛」はヴラホのシンボルであることから、ヴラホは羊毛産地で動物を守護する存在として頼りにされるようになり、馬の耳に「櫛形」をつけるようになった［Banks 1934: 77–78］。

このようにヨーロッパ各地に、聖ヴラホを「櫛」「羊毛」「動物」と縁が深い聖人とみなし、加護を願う風習があった。また「喉」の治癒を祈願することも行われていた。ドゥブロヴニクで聖ヴラホが都市政体の象徴となり、都市国家の領域を明示するシンボルとなった在り方とは異なるヴラホ伝承の多様性をうかがうことができる。

5-5　復活の同伴者

シュラインへの魂送り

ドゥブロヴニクでは現在も守護聖人聖堂と司教座聖堂《カテドラル》が一体化していない。ヴェネツィアでもサン・マルコ大聖堂に司教座が移されたのは一八〇七年のことで早い時期のことではない。ローマ教皇庁の管理下にある大聖堂と一線を画して、聖ヴラホ教会は都市共同体の独自の聖堂として精神的支柱の役割を果たしてきたといえるだろう。

聖ヴラホの頭骨など貴重な聖遺物は現在はドゥブロヴニク大聖堂に保管されている。二月三日の「聖ヴラホの祝日」に聖遺物を捧げた聖体行列が、大聖堂と聖ヴラホ教会の間で繰り広げられる。大聖堂宝物庫から聖遺物を出してミサを執り行い、祝別したのち、司教をはじめとする聖職者の一団が聖ヴラホ教会まで奉納の行列をなして、聖ヴラホ教会の祭壇に捧げる。フランチェスコ会、ドミニコ会、イエズス会など修道院の聖職者、各教区から民俗衣装をまとって参集した信者代表などが大勢つき従い、民俗的かつ盛大なクライマックスが展開する（図表5-17）。沿道は聖遺物に接近を試みる善男善女で賑わう（図表5-18）。何百年もこのような光景が繰り広げられてきたのだろう。

この聖体行列は、聖ヴラホ教会が本来のシュラインであることを示す意義をもつと推測される。遺体は聖ヴラホ教会に納められるのが適切であろうが、ドゥブロヴニクでは大聖堂に収蔵し、二〇世紀にな

図表 5-17　聖遺物を捧げた聖体行列

出典：［Brigović 2012: 108］

図表 5-18　聖遺物に接近する人々

出典：［Brigović 2012: 108］

ってから大聖堂ファサードにも聖ヴラホ像が刻まれた［Kremenjaš-Daničić, *et al.*, ed. 2012: 113］。つまり、聖ヴラホ崇敬を聖ヴラホ教会だけで独占せず、大聖堂のほうに貴重な頭骨を納めて、祝日に本来のシュラインにもどす儀式を執り行っているといえる。聖ヴラホ教会のほうがルジャ広場の中心的な位置にあること、外交使節は聖ヴラホ教会に成功を祈願して出立したこと等々、ドゥブロヴニクの人々の精神生活には、ローマ教皇庁がおいた大聖堂よりも、聖ヴラホ教会のほうが身近な存在であるといえよう。

精神的支柱

近現代にドゥブロヴニクおよび周辺地域は戦闘の激戦地となり、貴重な聖遺物は破壊や焼失の危機にさらされた。第一次世界大戦中、ドゥブロヴニクでは聖遺物を市外へ避難させた。守護聖人が不在のまま戦争を経験したドゥブロヴニクの人々は、これ以降、いかなることがあってもヴラホの聖遺物を市外に持ち出すことを認めず、市中に保管し続けている［Kremenjaš-Daničić, *et al.*, ed. 2012: 112］。

ユーゴスラヴィアが解体し、一九九一年にクロアチア独立戦争が始まり、ドゥブロヴニクはユーゴ連邦人民軍（実質的にセルビアとモンテネグロ軍の連合軍）の攻撃を受けた。このとき、聖遺物は市中にある司教邸の地下室に保管されていたという。激戦のなかでも、市中で聖遺物を無事守り抜いたことはドゥブロヴニクの人々の心の支えであり、誇りである。

長い歴史をもつ都市であるだけに、守護聖人に捧げられた教会は天災人災に遭遇し、不変ということはありえない。聖ヴラホ教会が損壊、焼失の打撃を被ったとき、人々も同様に厄災に直面した悲嘆のなかにあり、「復活」を祈念し、守護聖人とともに立ち上がってきた。聖ヴラホは復活のシンボルであり、市が復興を重ねてきた歴史そのものなのである。

第6章　共同利益と経済活動

ヴェネツィアが覇権を握る地中海経済圏で、ドゥブロヴニクは経済的に独自の位置を占めていた。ドゥブロヴニクの経済活動の独自性とはどのような点にあったのだろうか。

❖水先案内――都市国家と経済

経済活動に貨幣は不可欠である。遠隔地商業者層は商取引に応じて貨幣を次のように使い分けていたとブローデルは述べている。「良貨と悪貨を都合よく使い分け、金や銀でできた良貨は、大きな商取引つまり「資本」を作るために使い、銅貨すなわち悪貨は安い労賃や日々の支払いに、要するに「労働」に対して使っていた」[ブローデル 2009]。

つまり遠隔地交易に金銀は不可欠で、世界システムの拡張は金銀の調達可能性と関

街のメインストリートの両側には裕福な商人の店がならんでいた（筆者撮影）

連していた。中核地域とくにヘゲモニー都市・国家は金銀の効率的な調達ルートの確保に熱心だった。世界システムにおける貴金属の循環という視点からみた場合、ドゥブロヴニクはどのような役割を果たしていたのだろうか。

ドゥブロヴニクは地中海経済圏、バルカン勢力圏、オスマン勢力圏が交錯する地域で、軍事的リスクが大きいと同時に、三方向からの物資が流入する交易上の利点があった。貴金属をはじめ鉱物資源の流入は都市国家ドゥブロヴニクの存続にどのような影響を与えたのだろうか。

6-1　バルカンの鉱物資源

共同利益の創出

一三世紀、ヴェネツィアの支配下にあったドゥブロヴニクはバルカン内陸の交易を担う能力がある点がヴェネツィア政府から重宝され、アドリア海の交易ルートに接続させる経済活動の担い手として独自の存在意義を明確にしていった。都市コムーネを発展させる経済的基礎は中継貿易で、商業によって都市政体の共同利益が創出された。貴族も平民もドゥブロヴニク商人として商業活動に携わっていた。つまり、ドゥブロヴニクの交易は身分によって参入が閉鎖されているのではなく、貴族、平民のいずれの階層にも中継貿易の担い手がいた［Krekić 1972 = 1990: 153–155］。

中継貿易商人として、重要な取扱品の一つだったのがバルカンの鉱物資源である。バルカン内陸部ではローマ時代から金銀が産出され、ローマ帝国ではそれを原料に金銀細工の装飾品が数多く作られた

[Popović 2010]。一三～一五世紀にはバルカン内陸部で鉱山開発が進み、銀、鉛の産出量が増えて主要交易品になり、銅、鉄なども取引された。バルカン内陸部の鉱物資源を沿岸部に送り出し、ヨーロッパの中心的な経済活動に連動させる担い手集団の一つになったのがドゥブロヴニク商人である。

ドゥブロヴニクから鉱物原料を海路で搬出し、ヨーロッパ南部の経済活動に組み込む役割を果たすだけでなく、ドゥブロヴニクでは鉱物原料の加工作業も行われた。鉛を加工して屋根材を製造し、教会の屋根に使った。ドゥブロヴニクにはいくつもの教会や修道院があったが、高く屋根がそびえる教会建築を可能にする原料の入手に恵まれた条件にあったのである。また、銅などを加工して青銅の大砲が製造され、街を取りまく城壁の要塞・城砦に据え付けられた。金銀細工はドゥブロヴニクの特産品の一つである［Carter 1972: 93–111］［Harris 2003: 152–160］。このようにバルカンの鉱物資源はドゥブロヴニクが都市としての威容を整え、経済活動を活発にする重要な資源であった。

バルカン産出の銀

鉱物資源の産出量が増加したバルカン内陸部、すなわちセルビア、ボスニア、ハンガリーにとって、ドゥブロヴニクは鉱物資源積み出し港として重要な意味をもつようになった（図表6-1）。一三～一四世紀、セルビア、ボスニアでは鉱業が成長して経済力がつき、セルビア王国（一二一七年）、ボスニア王国（一三七七年）が成立した［唐沢 2004a, 2004b］。勢力拡大を図るセルビア王国とドゥブロヴニクとの間でしばしば戦闘が起きたが、セルビア王ステファン・ドゥシャン（在位一三三一～五五年）の時代には侵攻がやんで、良好な関係が維持された［Carter 1972: 93–111］。

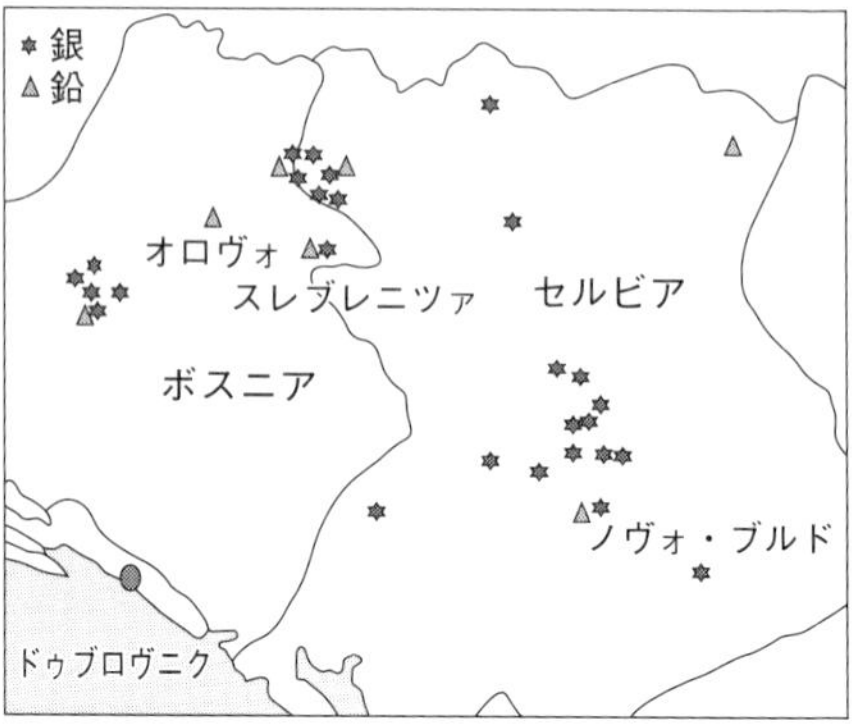

図表 6-1　セルビアとボスニアの鉱山（銀、鉛）

出典：［Carter 1972: 233］をもとに筆者修正

セルビア王国では一三世紀後半から銀の鉱山開発が進んだが、とりわけ良質の銀を産出することで有名だったのがノヴォ・ブルド鉱山である［Harris 2003: 155–157］。一四世紀前半に採掘が始まったが、鉱山経営は坑口・坑道の設置、採鉱、排水、搬出、砕鉱、製錬など一連の作業に技術を要する。ノヴォ・ブルド鉱山で採掘作業の中心になったのは神聖ローマ帝国ザクセン地方から流入した鉱夫の集団で、一三四六年にノヴォ・ブルドにローマ教皇庁の教区が設置された［Gogić 2016］。

採鉱技術の移転

ザクセン地方の鉱夫が流入した背景には、中世期の中欧における次のような状況があった。ザクセン地方のエルツ山地（Erz は鉱石の意）では一二世紀に銀の鉱脈が発見され、一三世紀には銀採掘の鉱山業が隆盛し、採鉱技術が発達していた。ザクセン地方の鉱夫集団は一三世紀後半にハンガリー王国にも招請され、鉱山開発に従事した。エルツ山地の鉱業都市フライベルクでは一四世紀前半に鉱業法が成立した。このようにザクセン地方は採鉱技術においても、採掘に関する法整備においても中世ヨーロッパの鉱山開発の先進地域であった［瀬原 2004: 133–137］。

フライベルク鉱業法では採掘の権利は次のように設定されていた。鉱山のなかで有望な鉱脈がみつかると、採鉱区画を申請し、許可を得る。鉱区が設定されると、採掘には多額の資金を必要とするため、鉱区を細分して採掘権の「株」を設定し、投資する株主を集めた〔瀬原 2004: 133–137〕。一般的に株の設定は、三二分割、六四分割、一二八分割など一六の倍数で行われた〔名城 2015: 24〕。

セルビアのノヴォ・ブルド鉱山では鉱区の採掘権は通常六四分割されていた。ドゥブロヴニク商人もこのような採掘権を購入して、鉱山経営に投資した。また、「鉱石買取人」として、製錬された鉱物資源を買入れ、隊商を組んで馬の背に乗せてドゥブロヴニクまで運搬した。ノヴォ・ブルド鉱山産出の金銀はこのようにしてドゥブロヴニクに搬入されていた〔Harris 2003: 155–157〕。バルカン内陸部で、ドゥブロヴニク商人は交易に従事していたほかに、現地の鉱業生産の経営に参加していたのである。

鉱業ビジネスの拡大

セルビアに続き、ボスニアでも一四世紀に銀、鉛などの産出量が増加した。代表的な鉱山の一つがスレブレニツァ（Srebrenica）である。地名はスレボ（セルボ）すなわち「銀」に由来する。ドゥブロヴニク商人はここでも採掘権の株を所有し、鉱山経営に携わっていた。鉱業関連の商務でドゥブロヴニクから来住した五〇〇名前後がここで生活していた〔Harris 2003: 155–157〕〔Carter 1972: 223–239〕。

鉱業への関与は経済活動のみならず、ドゥブロヴニクの政治面にも大きく影響するものであった。ボスニアの代表的な鉛産出地はオロヴォ鉱山で、良質の鉛は国外から需要が大きく、ドゥブロヴニクを経てイタリア、スペインなどへ輸出されていた〔Carter 1972: 223–239〕。オロヴォ鉱山に領地を所有していたのがボスニア貴族のパヴロヴィッチ公爵家で、鉛の取引および関税で多大な収入を得ていた。鉛を搬出する隊商は、オロヴァォ鉱山からサラエボ付近を経て、アドリア海にそそぐネレトヴァ河口に出るルートを使う。ここから沿岸を南下すればドゥブロヴニクである。パヴロヴィッチ公爵家はネレトヴァ河口に領地があり、またドゥブロヴニクから南下したコナヴァレ地方も領有していた。要するにアドリア海沿岸のボスニア領土を封地されており、かつ内陸部に豊かな鉛鉱山をもち、関税額その他、移送経路に関わるほぼすべての事柄を決定する権限を握っていたのである［Jurčević 2016］。

ドゥブロヴニクは公爵家と良好な関係を維持するように努め、公爵家は鉱業ビジネスで得た多大な利益をドゥブロヴニクの銀行に預けていた。一四一九年、ドゥブロヴニク政府は当主のラドスラフ・パヴロヴィッチに働きかけて、領有していたコナヴァレ地方を買い取る交渉を始め、一四二一年に購入手続きが完了し、コナヴァレはドゥブロヴニクの領地になった［Paskojević 2015］。市壁の南側に広がる後背地を自領として取り込むことに成功したのである。これはドゥブロヴニクの防衛上きわめて重要なことであった。このようにボスニア支配層とドゥブロヴニクの都市政体は経済的、政治的に相互依存的な関係を形成していた。

6-2　貨幣と通商

広域の通商圏

ハンガリー王国も同様にザクセン地方から鉱業技術を導入し、一三～一五世紀に鉱業生産量が拡大した。ハンガリーには内陸部の河川を利用して中欧に搬出するルートがあった。しかし、それに安んじることなく、アドリア海沿岸から積み出し、海上輸送で販路を広げることに意欲を示した。ハンガリー王は一三八七年にドゥブロヴニク政府にハンガリー産の「銀」を関税なしで買入れできる特権を付与した［Pešorda-Vardić 2006］。

ドゥブロヴニクに移送されてきた鉱物資源はおもにイタリア各都市に輸出された。ドゥブロヴニク商人がバルカン内陸交易のため隊商を編成する資金をイタリア商人が出資している場合には、ドゥブロヴニクまで運ばれてきた産品はイタリア商人の船に引き取られて搬出されていった［Krekić 1972＝1990: 38–39］。

ドゥブロヴニクに運ばれた「銀」の多くはヴェネツィアに移送され、貨幣鋳造に用いられたり、他地域に転売されたと推定されている［Carter 1972: 223–239］。一二世紀頃、ヨーロッパでは貨幣鋳造権を有する自治都市や領主が活発に小額貨幣を鋳造するようになり、自領域で流通させた。小額貨幣は自国内での取引や決済、日常品の売買に使用されたが、遠隔地との交易や取引には役に立たない。一三世紀になると広域の通商にたずさわる貿易商人を擁する都市国家は、遠隔地との交易で信用度が高く交換価値がある、良質の高額貨幣を鋳造するようになった［斉藤 1978］［名城 2015］。

基準通貨

品質が安定し、遠隔地間の交易で基準通貨として使われるようになったものの一つにヴェネツィアの鋳造貨幣がある。第四回十字軍の資金を準備するため、ヴェネツィアでは一二〇二年頃に高額の銀貨を鋳造することを決定した。重量二・一八七グラム、純銀度〇・九六八の質の良い「大銀貨」は「グロッソ」と称されるようになった。それまで鋳造していた「小銀貨」は「ピッコロ」とよばれ、引き続きヴェネツィア内で使用された［斉藤 1978］。

しかし、地中海からヨーロッパ西部にまたがる広域の商圏で取引量を増大させていたイタリア商人の銀貨の需要に対し、銀の供給量が追いつかないことが一三世紀前半に明らかになった。銀不足に対応するため、ジェノヴァは一二五一年に高額金貨「ジェノヴィーノ」の鋳造を始め、続いてフィレンツェも高額金貨「フィオリーノ」の鋳造に着手した［Carter 1972: 223–239］。ヴェネツィアは一二六〇年以降、「ピッコロ」の品質をおとすことで対応したが、「グロッソ」の品質は維持して、交換価値を維持するように努めた［斉藤 1978］。

このように一二〇五年にドゥブロヴニクを支配下におさめた時期のヴェネツィアは銀の供給量を安定して確保する必要があり、バルカン内陸部から銀を運び出してくるドゥブロヴニク商人はヴェネツィア経済の根幹に関わる部分で存在意義があったのである。

貨幣鋳造

しかし、ヴェネツィアもついに一二八四年には高額金貨の鋳造を決定し、ヴェネツィア造幣所で「ドゥカート」金貨が造られるようになった。重量三・五五グラム、純金度〇・九六五である。しかし、「グロッソ」銀貨の品質は維持され、一三七九年まで以前と同様に純銀度が保たれた。ヴェネツィアはドゥカート金貨の鋳造をはじめたが、すぐに金貨ベースに切り替えることはせず、銀貨をベースにした取引を続けた。ヴェネツィアが優位を占めていた東方の市場では依然として銀貨が取引に使われていたからである［斉藤 1978］。このようにヴェネツィア商業の象徴であるグロッソ大銀貨の価値を維持すべく、ヴェネツィアが銀の入手に多大な関心と努力を傾注していた時期に、バルカン内陸部で銀の鉱山開発が進められていったのである。

マクロな視点から整理すると、地中海とヨーロッパ西部が連接して広域商圏が形成され、遠隔地間の交易で信用を損なわない基準通貨が必要になった。しかし、銀需要に対する、供給不足という構造的問題があった。鉱山開発には技術力、資本力を要し、遠隔地間を運搬する人材も費用も必要である。バルカンでは遠くザクセン地方から鉱夫集団を導入して、鉱業技術を移転させ、銀山開発が進められた。産出した銀を、造幣所をもち広域商圏で高額の決済を実行する商業集団の所在地まで、関税手続を要領よくこなし国境を越えて運搬処理する能力をそなえた移送実務ビジネス集団が必要とされた。この役割を担ったのがドゥブロヴニク商人であったといえよう。

一三世紀から一五世紀にかけてヨーロッパに広域の多様な流通網が形成され、相互に関連した構造が形成されつつあった。ドゥブロヴニク商人は他集団では代替不能な独自の役割を果たせるアクターで、その集団の結束のシンボルが聖ヴラホだったのである。

6-3　聖ヴラホの銀貨

ドゥブロヴニクの造幣所

ドゥブロヴニクで貨幣の鋳造が始まったのは一三三七年で、ヴェネツィアに支配されていた時期にあたる［Peković & Topić 2011］。他のダルマチア都市ではヴェネツィア貨幣が流通していたが、ドゥブロヴニクでは自前の貨幣を鋳造し、経済的にも独自の立場にあることを表明した。銀を豊富に入手できるドゥブロヴニクでは銀貨が鋳造されたが、一四世紀には銀不足で貨幣製造に支障が生じることもあった［Harris 2003: 173–176］。バルカン内陸部の銀山開発は、ドゥブロヴニクも含めて海洋貿易に関わる商人たちにとって待たれるところであった。需要のあるところに商機もあるといった状況だったといえよう。

有力な都市国家はアフリカから金を入手して、金貨鋳造で対応した。ヨーロッパ市場は金貨ベースに移行しつつあった。金の需要が増して、金価が上昇した結果、金の投機ブームが生じ、大量の金が流入した。投機ブームが終息すると、だぶついた金で金価下落、依然として銀不足で銀価上昇という景況になった。これはセルビアのノヴォ・ブルド銀山の開発以前の出来事である。銀不足のため銀価が上昇すると、ヴェネツィアでは次のようなことが生じるようになった［斉藤 1978］。

銀ベースのローカル・センター

銀価ベースで取引を続けていたヴェネツィアでは、貸借関係も銀貨で記録していた。そのため、銀貨上昇にともなって金貨に換算すると、債権債務の金額が実質的に増えることになってしまった。そこでヴェネツィア政府は一三二八年に「ドゥカート金貨一個＝グロッソ大銀貨二四個」という相場を固定し、債務返済に関してドゥカート金貨で返済を希望する場合は債権者はそれに応じなければならないことを取り決めた。この時期から、ヴェネツィアでは金貨ベースの取引に移行し、ドゥカート金貨が基準通貨としてヨーロッパ市場で流通するようになっていった［斉藤 1978］。

マクロ的にヨーロッパ市場においてこのような金銀相場の変動が生じていた一四世紀、ようやくバルカン内陸部で銀産出量が増え、ドゥブロヴニクを仲介してヨーロッパ市場に銀が送出されていくルートが形成された。

ドゥブロヴニクの造幣所でもバルカンの銀を用いて、銀貨中心の鋳造が続けられた。税関によって製造作業は管理され、品質の維持に注意が払われた。このようにして鋳造された銀貨はドゥブロヴニク領内を越えて流通するようになった。ドゥブロヴニク鋳造の銀貨は品質が良く、バルカン支配層からも好まれた。信用度が高く、バルカン内陸の交易市場で交換貨幣として使用された［Harris 2003: 173-176］。金融面においてもドゥブロヴニクはバルカン内陸と銀貨でむすばれたネットワークの核になっていったのである。

ヴェネツィアは金ベースの取引に移行したが、銀を豊富に産出するようになったバルカンでは金ベースの取引だけに収束することはなかった。銀ベースの取引が存続し、ドゥブロヴニクがその中心地であった。バルカン支配層が資金をドゥブロヴニクの銀行に預けたのも、ドゥブロヴニクがバルカンというローカル地域における銀ベース取引のセンターだったからこそであろう。マクロ・レベルではヴェネツィアの金ベース取引があり、ローカル・レベルではドゥブロヴニクの銀ベース取引があって、銀生産が豊富なバルカンでは金銀二種類の取引圏が重複し併存している状況であったといえる。これはドゥブロヴニクにとってもヴェネツィア支配から免れる経済的根拠の一つとして意義があったと考えられる。

フッガー家の鉱山経営

ハンガリーの鉱山業は一五世紀に一時停滞した。ヨーロッパ市場に流入する銀はバルカン中心という状況が一五世紀半ばまで続いた。この状況に変化が生じたのは一五世紀後半である。ドイツ南部のアウクスブルクに本拠をおくフッガー家が鉱山経営に本格的に進出し、ティロル産の銀がヨーロッパ市場に出回るようになった。その経緯は次のようなものであった［瀬原 2004: 133-137］。

一五世紀にアウクスブルクで商業・金融業によって大資本を築いたフッガー家が銀採掘に関わりはじめたのは一四八五年からである。アウクスブルクから南下してティロル地方を通り、ブレンナー峠を越えれば、ヴェネツィアは間近である。ティロルには一四二七年に発見されたシュヴァーツ銀山があった。インスブルックを拠点とする神聖ローマ帝国のティロル大公ジギスムントが採掘の鉱業特権を有していた。ティロル大公は負債を抱えており、その返済にフッガー家が融資することになった。フッガー家への返済方法は銀「先買権」の譲渡である。すなわちフッガー家は融資相当額の銀「先買権」を得て、鉱区から採掘された銀が精錬され地金として製品化されたものを入手できることになった。これを先買権の相場よりも高値がつく市場で売りさばけば、利益が出る。フッガー家は銀をヴェネツィア市場に持ち込んで多大な利益を得た。この方法はエスカレートしていった。ティロル大公の負債は巨額だったので、フッガー家はさらに融資を続け、ついには優良なシュヴァーツ銀山の年産額相当の先買権を入手するまでにいたった。このようにしてフッガー家は鉱山経営によって莫大な資本を生み出す方法を軌道にのせ、ヴェネツィア市場にティロル銀が流入するルートを作り出した［吉森 2013］。

続いてフッガー家は一四九四年からハンガリーの銅山経営に参入した。鉱山技術の向上にも投資し、生産量の拡大はめざましく、フッガー家は莫大な銅の生産量をコントロールするようになった。軍事技術の進歩で一五世紀後半には攻城戦で大砲を使うことが普及していた。銅は兵器製造に欠かせない原料で、銅を加工して大型の青銅砲が作られるようになっていた。

フッガー家はハンガリー銅の搬出にドナウ川を利用してアントワープに移送する経路を開拓した。銅はヨーロッパ北西部で造船にも使用された。フッガー家による新たな銅供給ルートの形成は、大航海時代の船舶や兵器の製造を可能にするもので、ヨーロッパ社会に与えた影響は大きい［瀬原 2004］。

銀流通のマクロ構造とローカル構造

このように一五世紀末から一六世紀にかけて、ヨーロッパに新しい銀・銅の供給ルートが形成された。フッガー家のような大資本が鉱山経営に参入し、技術開発に資本が投下されて、生産力が飛躍的に向上した。当初はヴェネツィア市場に持ち込まれたが、制約が多い市場から離れて、中欧の河川を利用し、ヨーロッパ北西部の新市場へ供給されるルートが開かれていったのである。

銀については、この後、新大陸から圧倒的な量の銀が流入するようになり、ヨーロッパの銀市場は劇的に変化した。南米ポトシ銀山の開発が始まったのは一五四五年である。一五六〇年代以降、新大陸の銀が主流になった。銀市場でヨーロッパ産出の銀が占める割合は相対的に小さいものになり、影響力は低下した。

マクロ的にみるとこのように変遷していったヨーロッパ銀市場において、バルカン銀の位置づけは次のようにまとめることができよう。バルカン銀が出回るようになったのは一四〜一五世紀で、ヴェネツィア市場で不可欠のものになった。供給量は充分とはいえず、産地に近いドゥブロヴニクでも銀不足が生じることがあった。一五世紀末になるとフッガー家の関与により、ティロル銀が出回るようになり、一六世紀後半以降は新大陸からの流入銀の独壇場になった。

バルカン銀は、ティロル銀、新大陸銀が登場する前段階において、主要な銀供給ルートの一つであった。ドゥブロヴニク商人はマクロ的な銀供給構造のなかで移送実務アクターとして不可欠の存在だったといえる。また、バルカンでは銀ベースの商圏が存続した。ローカルな経済構造において、ドゥブロヴニクは銀取引の中心センターで、ドゥブロヴニク商人が金融業務を扱うことは、銀産地のバルカン支配層にとって都合が良いものであった。

6-4　バルカンの火薬庫と大砲製造

大砲の威力

ドゥブロヴニクではバルカン産出の銅を使って兵器生産が行われていた。ドゥブロヴニク製造の火器に関する記載が一三五一年の文書にあり、貨幣鋳造の開始時期とほぼ一致する［Peković & Topić 2011］。鉱物を原料にした金属加工、すなわち鋳造は高温の作業をともない、実用に耐える製品を作り出すには高度な技術を要し、熟練化した職業集団を必要とする。高温で金属を溶解できる炉や、重量のある製品をつり上げることができる装置や作業場も不可欠である。大型大砲を製造するには、原料を確保でき、技術力をそなえた多数の職人や、高温の加熱装置を具備した作業場など諸条件が整っていてこそ可能になる。ドゥブロヴニクで諸条件が一定程度まで整い、製造が始まった時期が一四世紀半ばごろであったといえよう。

大型大砲の威力が示されたのは一四五三年、オスマン軍のコンスタンティノープル攻略である。口径六四センチの巨大な大砲が使用され、コンスタンティノープルは陥落した。ドゥブロヴニクでも一五世紀半ばに政府の求めに応じて、鋳造技術者すなわち鋳物師が大砲製造に従事していた。鋳造所は市内の北東隅にあった。北東隅にレヴェリン要塞がまだ築造されていない頃である。

バルカンの火薬庫爆発

大砲と火薬は双子のようなものである、大砲を具備しても火薬が不足すれば、弾丸は発射できず無用の長物である。大砲があるところに火薬があるのは常識に近い。当時の火薬製造の原料は硝石、硫黄、木炭で、ドゥブロヴニク政府は火薬の備蓄に余念がなかったのであろう。それが裏目に出て、一四三五年に火薬を貯蔵していたとおぼしき兵器庫で大規模な爆発・火災事故が起き、総督邸も大きな被害をこうむった。

これを機に城壁内の区域で高温の炉を使う鋳造作業は禁止された。また、防火対策として住居は石造りにすることが奨励された［Peković & Topić 2011: 268］。城内で高炉を使えないとなると、作業場は城壁の外に移す以外ないが、兵器製造であるだけに敵に奪取されたときのリスクは計りしれない。コンスタンティノープルが陥落し、オスマンの脅威は現実的であった。しかもオスマン軍が青銅砲の扱いに慣れ、攻城戦を得意とすることは見事に実証されている。

オスマンの脅威に対し、ドゥブロヴニク政府は城壁を強化する事業に着手した。一四六一〜六四年に城壁北西隅のミンチェタ要塞の改修が進められたことは既述した通りである（図表3-2、3-4）。政府は併行して火薬の備蓄に努めていたらしく、またもや一四六三年に火薬爆発事故が起きた［Krekić 1972＝1990: 85-87］。二度にわたる火薬爆発を経験し、一四六五年ドゥブロヴニク政府は火薬原料や火薬の備蓄場所を細かく指定する布令を出した［Peković & Topić 2011: 268］。

「トカゲ」とよばれた大砲

ミンチェタ要塞は敵との攻防戦に備えて、円形の堡塁を城壁から突出させて視界を確保し、全方位に銃眼を配置している［Deanović & Tenšek 1980］。威容を誇る円形の要塞に大砲が据え付けられてこそ万全になる。

城壁を堅固にすることと併行して、ドゥブロヴニクでは大砲製造が本格化した。一六世紀前半、ドゥブロヴニクで鋳物師として活躍し、政府の求めに応じて大砲製造の中核的存在だったのがイヴァン・ラブリャニンである。一五二四〜二五年にドゥブロヴニクには大砲が四二五門あり、そのうち二五一門は青銅製、その他は鉄製であった。ドゥブロヴニクで兵器製造がいかに活発だったか想像できよう。

大砲はドゥブロヴニク領内で使用されただけではない。ドゥブロヴニク製の大砲の評判は広まり、領外からも注文が入った。輸出先は、ナポリ、シチリア、バルセロナ、バーリなど地中海各地に広がっていた。スペイン艦隊にも納入した［Peković & Topić 2011: 267］。ちなみに、のち一八〇六年にフランスのナポレオン軍がドゥブロヴニクに入城した際、一三三門の青銅大砲があった。イヴァン・ラブリャニン製造の大砲も要塞に据え付けられて健在で、「トカゲ（Gušter = Lizard）」という別名がつくほどの存在感であった［Bašić 2004］。一六世紀前半のドゥブロヴニクの大砲製造技術がいかに高水準で、長く実用に耐えるものであったか、三〇〇年近く生き延びた「トカゲ」が示している。

ドゥブロヴニクにおいて「バルカンの火薬庫」は比喩ではなく、現実的な問題であった。兵器製造技術を向上させ、油断なく安全に火薬備蓄に努めることは、ドゥブロヴニクで生きていくため必須の手段であった。また、鉱物資源を豊富に入手できるドゥブロヴニクでは、兵器産業の販路確保は経済的手段の一つだった。大砲製造はドゥブロヴニクの経済構造の重要な一部を占めていたのである。

要塞直下の兵器工場

ドゥブロヴニク固有の産業であった大砲製造がどのように行われていたのか、考古学的史料によって克明に知ることができる。二〇〇五〜〇八年に城壁北西隅にあった兵器鋳造所の発掘調査が行われた。得られた知見はおおよそ次のようなものである［Peković & Topić 2011］。

大砲製造では高温の溶解炉を使用するが、城内は火気厳禁、かつ城外は敵に襲われる懸念が大きかったことは既述した通りである。これらの矛盾する問題を解決する最適の場所をドゥブロヴニク政府は見つけた。その場所はミンチェタ要塞直下の歴代の城壁の間の空地である（図表6-2）。

敵に襲撃されやすい城壁北西隅をドゥブロヴニク政府が堅固に固めていたことは既述した通りである。既存の城壁の外側に、新たな外壁を築く方法で何回も改築が重ねられた結果、北西隅は城壁が複雑に組み合わさった構造になっていた。いちばん外側には円形の堡塁を突出させたミンチェタ要塞があった。

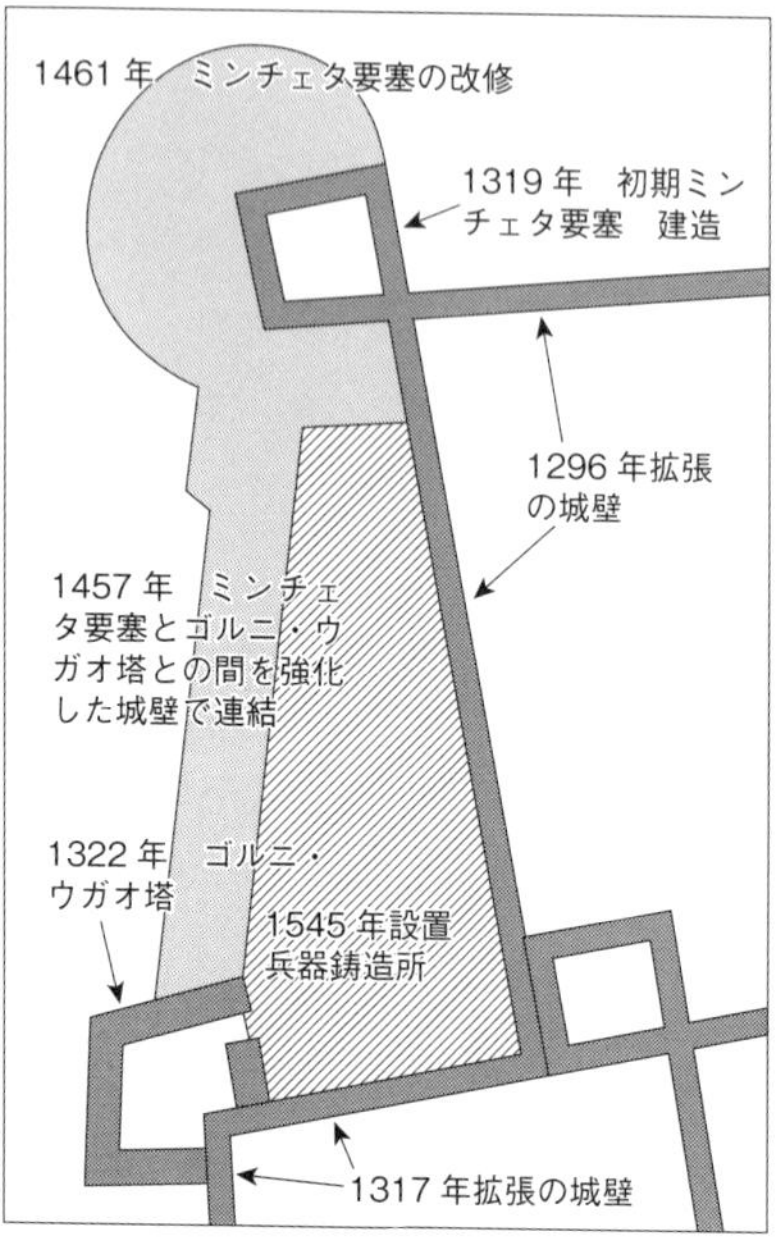

ミンチェタ要塞側から南に向かって発掘場所を見下ろしたもの。
城壁の間のスペースを活用して鋳物工場が設置されていた。現在は埋め立てられて、運動コートになっている。（筆者撮影）

図表 6-2　ドゥブロヴニクの兵器製造鋳造所

出典：［Peković & Topić 2011: 269, 270, 272］をもとに筆者作図

　一二九六年の城壁、一三一七年の城壁、一三三二年のゴルニ・ウガオ塔、一四五七年の城壁に囲まれた細長い台地型の空地があった。ここに兵器鋳造所を設置したのである。市内との間に一二九六年の城壁があって、火災が起きても延焼を防ぐことができる。城外との間に一四五七年の堅固な城壁があって防御上も心配がない。しかも、ミンチェタ要塞直下で守備は万全である。

　ここに一五四五年に兵器鋳造所が開設され、一六六七年まで稼働していた。城壁にはさまれていたため、一六六七年の大地震で倒壊し、その後は使用されなかった。ポンペイの遺跡のように一六六七年の状況がそのまま土中に埋もれており、二一世紀に発掘したのである。当時の様子が克明にわかる貴重な考古学的知見である。

大砲製造の鋳物師

細長い台形スペースのなかは、五つの作業場に分かれていた。「第一作業場」は金属溶解作業を行う場所で、大型の溶鉱炉が四つ設置されていた。「第二作業場」は造形作業に用いる砂の置場である。「第三作業場」は成形作業を行う作業場で、鋳物工場の主要部分である。ここにも小型の炉が四つ設置されていた。「第四作業場」は抜型作業を行うための水槽が設置されていた。「第五」は各作業場を行き来する通路である。このように大小八つの溶鉱炉をそなえた鋳物工場であった。

このような作業レイアウトと出土した鉱物などから、鋳造作業の手順、方法は現代の鋳物工場とほぼ同様であることが判明した。まず最初に「第三作業場」で完成品と同形物を製作する。木型に完成品同形物をいれ、その周りに砂をつめて鋳造型をつくる（造型）。このとき砂の成分や詰め方は製品の品質に影響する。この鋳造所ではイタリア製の砂を使用していた。砂の成分にも細心の注意を払っていたことがわかる。

造型作業の次は、金属溶解作業である。大型の溶鉱炉に付着していた成分から、この炉では銅、鉛、鉄、錫などの金属を熔解していたことがわかる。大型の炉は逆円錐形のるつぼであった。相当の高温に達したはずで、燃料は薪である。この大型溶鉱炉を使うときは高温で大量の液体状になった鉱物を扱うので細心の注意を要したはずである。少量の鉱物を用いて細かい作業に対処する場合は、「第三作業場」の小型溶解炉で対処したと推定される。

溶かした鉱物が固まったら、型から出して、砂を落とすが、その際に使われるのが「第四作業場」の水槽である。ドゥブロヴニクには後背地のスルジ山から水道が引かれていたが、鋳造所にもその水道が引き込まれていた。きれいな水を使って、製品を洗い流していたことがわかる。その後、完成品にするため、「第三作業場」でに成形作業を行う。大型大砲ともなれば相当の重量に達する。「第三作業場」には重量品を持ち上げる巻き上げ装置が設置されていた。

この鋳造所でユニークなのは壁として使われている歴代城壁をうまく利用して屋根や、巻き上げ装置を設置していたことである。大型製品を持ち上げる巻き上げ装置は、城壁を利用して屋根を張り渡し、その下に梁を造って強度を高めて設置していた。一方、イタリアから輸入した砂は、雨をしのぐための屋根なので一重構造である。砂が雨水で濡れないように、かつ湿度の管理ができるように保管されていた。高温の溶解炉は火災などの懸念があるので、高温が上部に拡散するように屋根を葺かない構造になっていた。ここで大砲だけでなく、直径六センチ程度の砲丸も製造していたことが造型の木型などから判明している。

第7章　共同体と階層分化

❖水先案内――都市国家と支配層

都市国家ドゥブロヴニクで中核をなす社会集団、すなわち独自の守護聖人のもとで信義の誓いを立てた「仲間」とは具体的にどのような人々だったのだろうか。

ブローデルは地中海世界における経済活動に共通してみられる特徴として「家族経営」を挙げている。「二人ずつとか三人ずつとか組になって働き、不景気のときやうまい取引のときにはたいていは一緒」に行動する［ブローデル 2004b: 156-158］。つまり、家族・親族など少人数で機動力を発揮して効率的な資本蓄積を追求する集団が基本単位であった。緊密な関係の人々によって、本国ドゥブロヴニクと遠隔地の商業拠点の間で、貿易業務が進められた。このような行動様式を基本に、上位商業者層は経済と政治行政の実務をどのように両立させていたのだろうか。

ピレ門から望む市外の青空（筆者撮影）

また、資本の無限拡大の追求は、上位商業者層のなかに「経済的卓越」層を形成し権力者を固定させる懸念があった。ドゥブロヴニクではどのようなしくみを導入して格差極大化を抑制し、都市の自壊を回避するための備えとしていたのだろうか。

7-1 都市コムーネの支配層

都市国家と貴族

ドゥブロヴニクは貴族共和制の都市国家で、「大評議会」が政治的・行政的な最高機関とされ、構成員は貴族層の成年男性全員であった。都市支配層である「貴族」とはいったいどのような人々だったのだろうか。ドゥブロヴニクはローマ人出自の都市であることを謳い、ヴェネツィア統治期に都市コムーネとして基本的体制が整えられた。イタリアの都市国家を参考にして、ドゥブロヴニクの都市貴族について考えてみることにしよう。

イタリアの都市国家はとくに中世後期以降、各国それぞれが政治的、経済的に独自の変化をとげ、多様で異質な都市国家が並立した。「貴族」の実態は国によってさまざまで、一般化するのは困難とされる。特定の都市国家に着目して、貴族層の特徴をその都市固有の社会的文脈に即して理解することが良いとされる。同じように貴族共和制を採用していたヴェネツィアを参考に、ドゥブロヴニクの貴族層の特徴を探ってみることにしよう。

ヴェネツィアの貴族と社会構造はおおよそ次のようなものであった［斉藤 1983］。一三世紀のヴェネツィアの階層構造は、貴族と平民から成り立っていた。この両者の区別は法的に規定されているのではなく、卓越した「政治・経済力」と固有の「生活様式（行動・思考）」による社会的な差異であった。つまり、一三世紀頃は貴族を規定する明確な条項があったわけではないが、貴族と平民では行動パターンも生活ぶりも異なり、世襲的に大評議会の構成員である人々を見分けることはそう難しいことではなく、社会的に混乱が起きるようなこともなかったのである。

変化が生じたのは第四回十字軍以後であった。ヴェネツィアでは経済が発展し、平民のなかに経済力をつけた平民上層ともいうべき層が出現し、大評議会への参加を求めるようになった。つまり、経済拡大に即して平民層が分化し、平民上層の「経済力」「生活様式」が貴族層に接近して、両者の区別が社会的に不分明になったのである。新興層は経済的利便性を実現するため政治的参加を要求した。このような社会的情勢に直面し、大評議会の改革が一二九七年から一三二三年の間に進められた。

貴族層の再編成

ヴェネツィアでは大評議会の構成員として一定の基準に達していることを審査するようになり、この審査を通過すれば国政に参加することが可能になった。これによって平民上層は「大評議会構成員」層に参入し、大評議会構成員が大幅に増加した（一二九七年に五八九人、一三一四年に一一五〇人）。旧来の貴族と新興の平民上層が統合されて「大評議会構成員」の新貴族層として線引きが完成した時点で、審査を厳格化した。「大評議会構成員」を世襲とし、一三二二年以前に構成員を出したことがない家門は大評議会に参入することはできなくなった。ここに排他的に区別される世襲的「新貴族層」が成立することになった。

ヴェネツィアではこのように、商行為によって経済的蓄積を実現した家門は、一二九七年から一三二三年の間、「大評議会構成員」層に参入が可能になり、新たな社会上層（貴族層）が編成された。それ以後は「大評議会構成員」を参入障壁として用い、政治は貴族層が独占した。このように商行為に基づく経済的蓄積によって再編成された貴族層の社会的性格は「商人貴族」というべきものであった。のち一六世紀に本土内陸部に領域が拡大されると、ヴェネツィア貴族のなかにも土地を生産手段に資源蓄積を進める家門が増え、「土地貴族」への移行が生じたとされる。

以上のようにヴェネツィアの例は、「大評議会構成員」の資格審査が、貴族と平民の線引きとして機能していたことを示す。「大評議会構成員」の基準は社会状況に影響され、恣意的に決められることもあった。「土地貴族」が不動産である土地に規定されるのに対して、「商人貴族」の基準は社会状況と連動して動態的に変化することがあった点に特徴がある。

ドゥブロヴニクにおける貴族層

ドゥブロヴニク貴族の資源蓄積は商行為に基づくもので、ヴェネツィアと同様にその社会的性格は「商人貴族」に該当する。ドゥブロヴニクでもヴェネツィアに倣って、一三三二年に「大評議会構成員」の見直しが行われた［Vekarić 2012: 13］。

一三三二年五月一二日、小評議会メンバーのなかから三人が選ばれて、大評議会構成員の名簿を作り直すことになった。その時点で大評議会構成員である者、その時点で構成員ではないが父および祖父が構成員の経験をもつ者、構成員ではないがその資格が充分にあると思われる裕福な者がリストアップされた。一三三二年すなわち一四世紀前半がドゥブロヴニクにおける貴族層の再編成期とされる［Vekarić 2012: 18–19］。これ以降は原則として新たな家門を貴族層に加えることはしないとされたが、現実には予期しがたい出来事で貴族層の減少が生じ、新たな家門が大評議会構成員に加わることはあり、その後も貴族層の再編成は生じた。

一三三二年に貴族層を確定する作業が行われた理由については次のように推測されている。翌一三三三年にドゥブロヴニク政府は近郊のペリェシャツ半島をボスニア領主およびセルビア王国から購入し、自領域とした。新たに獲得する予定の半島領土を所領として貴族に分封することになるため、分母数を正確に割り出すことがこの時期に必要とされた［Vekarić 2012: 21］。ちなみに同時期に、大評議会構成員は食肉を扱う商務に従事することを禁止する規則が決定されている。大評議会から食肉を取引する商人は排除されていたことがわかる。

ドゥブロヴニク政府が毎年一二月に小評議会メンバーによって大評議会構成員の名簿を更新していたことは既述した通りである。この名簿は商務や政務でドゥブロヴニク市外に駐在していた貴族層成年男性はリストからはずしており、貴族層成年男性数を正確に反映しているとはいえない。しかし、ドゥブロヴニク古文書館には婚姻記録、教区登録簿、政府高官の記録などが保存されており、諸史料を検証して貴族層の家門について多様な視点から推定値が分析されている［Stuard 1992: 61–99］［Vekarić 2012］［Zlatar 2002］。

7-2　貴族層の中核集団と再生産

平民上層の社会移動

新貴族を再編成する以前の一四世紀初頭については次のような推定値である。一三〇〇年の貴族層に該当する家族数は二五三、貴族総数（成年男女、子どもを含む）は一六七五名である［Vekarić 2012: 14］。一〇年後の一三一〇年の大評議会構成員数はおよそ三〇〇名である［Stuard 1992: 61-62］。

このあと一三三二年に貴族層の再編成が行われ、該当者数は増えたはずであるが、ドゥブロヴニクでは一三四七～五〇年にペストが流行し、人口が減少した。一三五〇年の推定値は貴族家族数二三九、貴族総数一三〇三名である。再編成前より減少している（図表7-1）。その後もペストの流行は続き、一四〇〇年の推定値は貴族家族数一二八、貴族総数九〇七名である。大評議会構成員への新規参入を閉ざしていると貴族家族数の母数は減少していく一方である。

図表 7-1　ドゥブロヴニク貴族層　推定値

年代	貴族層家族数	貴族総数
1300	253	1,675
1350	239	1,303
1400	128	907
1450	245	1,515
1500	331	1,963
1550	267	1,565
1600	229	1,234
1650	128	699
1700	83	420
1750	71	388
1800	72	314

出典：［Vekarić 2012: 14］

一五世紀前半、ドゥブロヴニク共和国の領土は拡大していた。一四一〇年ムリェット島を取得したのち、一四一九年に後背地のコナヴァレをボスニアのパヴロヴィッチ公爵家から購入する交渉を始め、成功した。自領域が広がると、各地を管理する政府人員を配置する必要が生じ、人手が必要になった。同時期、バルカンで銀の産出量が増加しており、商務の人手も必要であったことだろう。元来、ドゥブロヴニク貴族は商務が本分で、政府公務を兼任している状況であるから、政務と商務の両方で人材が必要なときに貴族数が減少してしまうと負担が増す。経済や領土が拡大している時期に、貴族層の人数確保は既存の貴族層から同意を得やすい状況であったと思われる。また、経済が拡大していることもあり、平民上層に経済的蓄積が進み、裕福で大評議会の構成員の基準に達する者がある程度存在していたと推測される。

このような社会的状況を背景に、一五世紀に平民上層を大評議会構成員に取りこんだと推測され、一四四二年の大評議会構成員数は五五三名［Stuard 1992: 61–62］、一四五〇年の貴族家族数は二四五、貴族総数一五一五名で、一五〇〇年になると貴族家族数三三一、貴族総数一九六三名まで増えている。その後は増加していないので、「大評議会構成員」に平民上層が参入することを閉ざしたのであろう。

この一六世紀初頭がドゥブロヴニクで最も活気があった時期と推測される。城壁の強化事業もほぼ完成し、鋳物師たちによる大砲製造は軌道にのり、領外へ輸出されていた。この時期のドゥブロヴニクを都市国家がほぼ完成された段階として記憶しておくのが良いであろう。

貴族層の再生産

図表7-2は大評議会構成員の名簿に新たに登載されるようになった貴族子弟数である。成人になると（時期によって異なるがおおむね一八歳）貴族の男子は名簿に登載された。その数を一〇年単位でまとめたものである［Zlatar 2002: 53］。一六世紀末まで、各一〇年間ごとにおおよそ一〇〇人前後が新規登録され、次世代育成が安定したペースで進んでいる。貴族層がある程度の規模を維持し、再生産が順調だ

ったことを示している。ところが、一七世紀になると再生産は縮小している。「大評議会構成員」に平民上層が参入することを閉ざした結果、一七世紀前半に貴族層の規模縮小が顕在化してきたのであろう。

図表7-2　貴族層子弟の大評議会構成員新規登録数

年代	登録数	年代	登録数
1461-1470	110	1551-1560	118
1471-1480	169	1561-1570	90
1481-1490	124	1571-1580	114
1491-1500	133	1581-1590	98
1501-1510	90	1591-1600	74
1511-1520	118	1601-1610	87
1521-1530	142	1611-1620	52
1531-1540	90	1621-1630	47
1541-1550	119	1631-1640	42

出典：[Zlatar 2002: 53]

規模縮小期に入っていたところに打撃となったのが一六六七年の大地震である。総督邸付近で三八名のドゥブロヴニク貴族が亡くなったこと、レヴェリン要塞に本部をおいた暫定政府が緊急令で市外への逃亡を禁じたこと等は既述した通りである。大地震は貴族数をさらに減少させる要因になった。

大地震後、貴族数が回復することはなく、貴族層の規模は縮小したままで推移した。地震から三十余年経過したにもかかわらず、一七〇〇年の推定値は貴族家族数八三、貴族総数四二〇名で、以前に比べて大幅に減ったままである（図表7-1）。大地震が社会構造に及ぼした衝撃の大きさがうかがえる。

商業集団と経済

その後も微減が続いた。貴族数が回復しなかった理由の一つに経済的な要因があったと思われる。大地震で経済は落ち込んだうえに、平民そのものが減少した。経済復興に長期間を要し、平民層が資源を蓄積するのは難しく、大評議会構成員の基準に該当するような資産を形成することができる平民が少なかったのであろう。もし、商業で資源蓄積を志すなら、他の都市へ移動したほうが可能性が高かったのかもしれない。貴族層の規模縮小の趨勢はドゥブロヴニク経済の停滞を表していると解釈できる。一七世紀後半に起きた地震は規模縮小の決定打になってしまったといえよう。

以上のように、商人貴族であるドゥブロヴニク貴族層の規模の推移から、ドゥブロヴニク経済の変遷プロセスがあぶり出されてくる。ドゥブロヴニク経済は、バルカンの鉱物資源とりわけ銀産出と連動して、一四～一五世紀に拡大した。一五～一六世紀には貴族層の規模も大きく、活発な経済活動が展開されていた。一六世紀前後が最盛期と考えられる。しかし、一六世紀後半には新大陸から銀が流入するようになり、ヨーロッパの銀市場の動向は変化した。かつオスマン支配が広がり、バルカンの鉱物産出地の状況は大きく変化した。一七世紀から商業経済の中核的集団であるドゥブロヴニク貴族層の規模が縮小しはじめた。地震の影響で、経済的の停滞は長期間続き、以前のような経済的活況を回復することは難しかった。

貴族の中核集団

貴族共和制が独占的支配に陥ることを注意深く避けていたドゥブロヴニクの政体であるが、貴族層内部に中核的な集団はあった。一五世紀に経済力があり、かつ政治的経験が豊富な有力家門は九家あり、いずれも旧来から貴族層である［Zlatar 2002: 49］。平民上層から上昇移動した新興層ではないので、従前からの貴族層が政治的イニシアティブを握り、政体をリードする権力構造は存続していたといえる。

図表7-3は一四四〇年から一六四〇年までの期間、有力家門が行政的高官に選出された回数、すなわち最高位の総督に選任された回数と、小評議会メンバーに選任された回数である。総督の任期が一カ

図表 7-3 貴族層有力家の行政上位職経験数（1440-1640）

家名	総督経験数	小評議会メンバー経験数
GOZZE	316	175
BONA	280	194
SORGO	167	147
GONDOLA	181	157
MENZE	140	141
CERVA	132	121
GRADI	150	134
GEORGI	163	137
RESTI	97	101
CABOGA	78	84
GHETALDI	37	35
POZZA	85	88
RAGNINA	55	57
ZAMAGNO	85	89

出典：[Zlatar 2002: 58]

月単位であったことは既述した通りである。頻繁に交替したので、二〇〇年間で有力家門は相当の回数、総督に選出されている。

図表7-3に掲載した一四家門とそれ以外の貴族では高官経験回数に明らかな差異があった。一四家は行政的高官として選任される人材を持続的に輩出することができる社会的威信の高いグループであり、貴族最上層に該当する。

一四家のうち、上位八家と下位六家の間にも差異がある。また、上位八家のうち、最上位二家の選出回数は突出している。このように最上層のなかは、二家、六家、六家と三層に分けることができる[Zlatar 2002: 58]。

以上の状況は次のようにまとめることができよう。ドゥブロヴニクの貴族共和制は独占的支配を排除する点に特徴があったが、実態としては、高官に選任されることが多い社会的威信が高い中核集団があった。中核集団は政治行政に関与し続け、交替で高官を務める構造が形成されていた。中核集団内部はとくに威信が高い二家、それに続く六家、さらに六家という構成で、トップを八家程度の名門貴族が占めている状況は一五〜一七世紀にさほど変化しなかった。とくに社会的威信が高い二家は並立している状況で、独占的支配者になることは避けることができる構造になっていた。

一方、一般貴族は二層に分化していたと推測される。従前からの貴族層と、平民上層から上昇移動した新興貴族層である。ドゥブロヴニクの貴族層は新興層を取り込んで、多重的に構成されていた社会集団であった。

7-3 中世都市の生活様式

実務のマネジメント

ドゥブロヴニクのような交易都市の場合、商人貴族の生活様式として特徴的なのは、男性貴族が成年になると、ドゥブロヴニクを不在にすることが一定期間生じることである。ドゥブロヴニクに商務ビジネスの本拠をおき、ドゥブロヴニクで商務の管理に当たる者と、取引地に出向く者を親族の成年男性で分担した。

取引地で行う実務の種類としては、生産地に一時的に滞在して物産を買い入れ、隊商や交易船で運んでくる移送ビジネスと、市場がある大きな交易地に駐在して市況を読み、市場情報をドゥブロヴニクに伝達する駐在ビジネスがあった〔斉藤 1983〕。市場でドゥブロヴニクから移送された物品を売りさばく手配をしたり、その資金を元手に売りさばく品物を買い付けた。

たとえば一五世紀初頭、有力貴族層の出身で、のちにドゥブロヴニク政府の外交代表も務めたマリン・ザマニャは妻の父がドゥブロヴニクで銅の鋳物工場に投資していたので、そのビジネスを補佐し、セルビアやボスニアに出向いて銅を仕入れる移送ビジネスを担当した。鋳物工場はドゥブロヴニク政府から発注された製品も鋳造している作業場だったが、一五一三年に閉鎖した。銅取引に慣れたザマニャは市内にあった別の鋳物工場のために銅の仕入れを続け、政府の外交任務を担当していた期間も、銅、衣料品、穀物などの取引を併行させていた［Harris 2003: 193–194］。政府要職にあっても商務に自ら携わる実務者であるのがドゥブロヴニク貴族の本分で、有閑階級的ライフスタイルの支配層ではなかったようである。

商人貴族のライフスタイル

複式簿記を取り入れて財務管理することを周りに勧めていたあるドゥブロヴニク商人は、理想的な商人のライフスタイルについて次のように書き記した。商人の住宅は港近くに構えるのが理想的である。一階正面は事務所にし、顧客に信頼できる取引先であるという印象を与えるように、入口は念入りに整えるべきである。家族には適度な広さの居間と寝室を用意し、家具・調度も好ましいものを整える。使用人にも部屋を与える。地下の貯蔵庫にはワインと薪、階上には穀物を充分に蓄える。店や家族の住居から独立させたスペースを設け、自分の書斎を持つべきである。商人が静かで落ち着いた場所で読書することは必要である。市内の住居とは別に郊外に二つ家を構えるのが理想的である。一つは郊外に所有する農地から収穫された農作物を管理・保管する農場である。もう一つは家族と過ごす別荘で涼しい場所に設けるのが良い。休息をとり、活力を養う場所である［Harris 2003: 197］。

このように商人は市内で堅実な生活を営み、知的活動も重んじて、身辺をよくマネジメントし、家族や使用人にも適切に対処することが勧められている。ここから伝わってくるドゥブロヴニク貴族像は、家産や農地の管理を執事などに任せるのではなく、自分自身が実務管理に当たる商人である。いわば同族経営の商店主、自営業主オーナーのような存在感である。城壁外のドゥブロヴニク共和国の領地は自家消費のため農作物、ワインを生産できるように、各貴族に分封されていたようで、農作物の収穫を終えて管理が一段落するのが九月下旬であった。ドゥブロヴニクでは新年度が九月二九日「聖ミカエルの祝日」から始まったが、このような農事暦と連動して、貴族集団の政治行政的スケジュールが定められていた。

市内の住居は商務に至便な港近くが奨励されている。図表7－4は共和国消滅後の一八一七年のものであるが、貴族家系の住宅分布図である［Lazarević 2015］。目抜き通りの周辺に集中していたことが見てとれる。商務を本分とする貴族層が目抜き通りにビジネスの事務所を連ねていた光景が彷彿とする。

ドゥブロヴニク商人の遠隔地駐在が増加したのは15世紀以降である［Krekić 2001］。ドゥブロヴニク商人の駐在ビジネスの拠点は、ヴェネツィアをはじめとするイタリア各地、東方各地、ヨーロッパ諸都市に広がり、遠いところではロンドンにもあった［Čoralić 1999］［Kostić 2008］。

一六世紀前半のロンドンには一定数のドゥブロヴニク商人が単身赴任しており、テムズ川沿岸のロンドン塔周辺に住居を借りていることが多かった。テムズ川を遡上して搬入された物資はこの場所で税関処理手続きをしたのである。ドゥブロヴニクから届いた東方の物資を売りさばき、帰路はイギリスで仕入れた原料羊毛を搭載した［Kostić 2008］。

図表 7-4　ドゥブロヴニク市内　貴族層住宅分布（1817 年）

出典：［Lazarević 2015: 136］

平民層とギルド

ドゥブロヴニクで同職者の組織が進み、ギルドが形成されるようになったのは一四世紀後半とされる［Harris 2003: 176–178］。ヨーロッパの他の都市では都市政体が職業ギルドを法認して政治行政体制に位置づけることや、都市防衛に動員されて軍事的ギルドの性格をもつ場合があったが、ドゥブロヴニクではそのような方向に発展することはなかった。同職者の相互扶助機能と、職業的守護聖人を崇敬する宗教的機能を中心にした職業集団であった。

平民層がギルドに所属していないと都市生活の根拠を得られないというほど、ギルドが制度化されていたわけではなく、ドゥブロヴニクではギルドの規定も制約も緩やかであった［Harris 2003: 176–178］。平民層は近郊村落からの流入者が多く、ギルドを通して都市住民の管理が徹底するような社会構造ではなかったのである。

徒弟として技術修得を希望する場合は、親方に弟子入りして、ギルドの決まりにしたがって徒弟奉公を務めた。徒弟期間は二カ月～一二年で、徒弟奉公を終えると親方から道具一式を与えられ、独立していった。

ドゥブロヴニクで最も権威があったのは金銀細工師のギルドである。遠隔地商業ではとくに貨幣価値に対する信用を担保することが重要で、金貨や銀貨が決済に用いられた。金銀の流入・流出は都市経済に影響した。金銀細工師のギルドが組織化されたのは一四世紀初頭で、一三八六年、政府は金銀細工師を管理するため、同じ通りに金銀細工師の仕事場を集めた。金銀細工師は政府の仕事を担当・製作する場合は政府造幣所で作業した。

金銀細工はドゥブロヴニクの特産品であるため、政府による品質管理は厳しく、製作用の金銀銅の純度に関して規定が定められていた。ドゥブロヴニクの金銀細工は国外でも好評で、ボスニア、モンテネグロ、セルビアなどの周辺地域からも徒弟が集まった。このほか、石工、鍛冶屋、肉屋、縫製職、床屋のギルドがあった［Harris 2003: 176–178］。

また、一六世紀のドゥブロヴニクの交易船の船乗りについて、ブローデルは次のように述べている［ブローデル編 2000: 56–57］。当時、ドゥブロヴニクの大型帆船は一〇〇〇トン近くの積載量があった。一艘当たりの所有権を二四分割し、出資者は一ないし複数分の資金を供出した。つまり複数のドゥブロヴニクの商人貴族が出資して交易船を仕立てた。出資者にはヴェネツィア商人やジェノヴァ商人が加わることもあった。帆船の船長、乗組員は通常ドゥブロヴニク人で、乗組員が低賃金という点にドゥブロヴニクの交易船の特徴があった。操船は技術と勘を要する難しい仕事で、誰でもできるわけではなく、沿岸部出身者が代々就業した。ドゥブロヴニク交易船は熟練者に操船を任せて輸送リスクを低減できる上に、輸送コストを抑制できるメリットがあったといえよう。

都市貧困層の救済――孤児院の設置

ドゥブロヴニクで中世期に設立された施設として特筆に値するのは孤児院である。一四三二年二月九日、大評議会は孤児院の設置を決定した。生まれてきた子どもを育てることができない貧困者や事情を抱えた者が市内に相当数いたことを示す。洗礼を受けないまま命を落とす幼い命を救済する目的で設置された［Kralj-Brassard & Puljizević 2012］。

孤児院が設けられたのは、市西部のピレ門に近いフランチェスコ会修道院のそばである。子どもたちの面倒をみる女性が一人か二人常駐していた。建物の両脇に、車輪がついた箱車のようなものが置かれてあった。赤子を孤児院に託す親はこの箱車に赤子を置き、向きをかえて、孤児院のなかへ押し出せるようになっていた。捨て子した親や子どもの身元を捜索することは政府によってかたく戒められていたた［Harris 2003: 23-214］。

捨て子された子どもには速やかに洗礼が施され、母乳を与える乳母がみつけられた。白い洋服を着せられて、五歳になるまで孤児院で育てられたあと、養子縁組先がみつけられた。政府は孤児院の運営費を、政府運営の羊毛製品の生産工場の利益から拠出した。

❖水先案内——半周辺から反システムへ

一九世紀初頭、都市国家ドゥブロヴニクは独立を喪失した。一九世紀半ば、世界システムのヘゲモニー国家に成長したのはイギリスである。欧米列強はアジア、アフリカ、太平洋地域などに植民地を広げ、資本主義「世界システム」を拡大し、地球規模で「中核・半周辺・周辺」構造を編成していった。

覇権国家イギリスに対し、一九世紀末、ドイツが競合国家として台頭し、両国は軍事費に資力を投入し対立を深めた。この時期、ドゥブロヴニクはオーストリア・ハンガリー帝国に領有された一都市であった。世界システムの「半周辺」的位置づけにあったといえる。

二〇世紀前半の第一次世界大戦、第二次世界大戦を経て、ヘゲモニー国家として世界システムの覇権を握ったのはアメリカである。第二次世界大戦後、

砲弾が撃ち込まれ、弾痕が残るかつてのホテル（筆者撮影）

ソ連の支援を受けて、東欧諸国は共産党が政権を掌握し、社会主義圏を形成した。

世界システム的見地からみると、社会主義運動は資本家中心の資本蓄積様式に対抗する反システム運動であった。ドゥブロヴニクは社会主義国のなかで独自路線を貫くユーゴスラヴィア連邦に属していた。ドゥブロヴニクは、近現代の社会変動によって「半周辺」から「反システム」へと推移した地域の一都市であった。

一九九〇年代に東欧社会主義圏が解体する過程で、ドゥブロヴニクは紛争に巻き込まれた。「半周辺」から「反システム」への移行、「反システム」体制の崩壊、ユーゴスラヴィア連邦人民軍によるドゥブロヴニク砲撃など、ドゥブロヴニクが直面した激動の現代史をたどる。

8-1 クパリの弾痕

ドゥブロヴニク市街地から南東へ四キロメートル、沿岸部にクパリという地域がある（図表8-1）。一九九一年に始まったクロアチア独立戦争で、ユーゴスラヴィア連邦人民軍（実質的にセルビアとモンテネグロの連合軍）による攻撃を受けた激戦地の一つである。ユーゴ連邦人民軍はここに上陸するため、海上から砲弾を浴びせた。砲撃で蜂の巣状になったいくつもの建物がいまも沿岸部に直立している（口絵8、9）。建物のあちこちに、周辺の道路に、鮮明な弾痕が残っている（図表8-2、図表8-3）。そのとき、人間も蜂の巣状になったのかもしれないという恐怖感が圧倒的な現実感で迫ってくる。戦慄を覚え、沖合に目をやると、さきほどまで青く見えていたはずの海は、もう青くは見えない。得体のしれな

図表 8-1　クパリ遠景

い何ものかが沖合でうねり、うごめく恐怖の海と化している。

クパリの現実は、ドゥブロヴニクで見たもの、すべての意味を一八〇度変える。クパリの建物のように蜂の巣状になり、破壊し尽くされても不思議ではなかった。いま在るドゥブロヴニクは奇跡以外の何ものでもない。ドゥブロヴニクを抱く聖ヴラホの像はまさに迫真に満ちている。

図表 8-2　攻撃されたクパリ・リゾートのホテル群
弾痕を残して廃墟と化している

図表 8-3　クパリに残る弾痕の数々

図表 8-1～8-3：筆者撮影

中世に築かれた堅固な城壁が都市内部へ敵軍が侵入することをくいとめたドゥブロヴニクの「生命線」である。現代においてもなお、城壁がかくも重い意味をもつことに衝撃を受ける。私がドゥブロヴニクのことをどうしても書きたいと思ったのは、「クパリの弾痕」を見たときからである。一九九一～九二年にドゥブロヴニクで何が起きたのか。クロアチア側の立場から攻防戦の推移をたどってみよう。

8-2　クロアチアの独立宣言

ユーゴスラヴィア連邦の建国

第二次世界大戦中、「ユーゴスラヴィア王国」は枢軸国軍に侵攻され、広い国土はドイツ、イタリアなどに分割占領された。多民族国家のユーゴスラヴィア王国は民族対立の危機を内包しており、ナチス・ドイツはそれを煽って、ユーゴ国内を分断する作戦をとった。セルビア人とクロアチア人の間で、相互に虐殺が繰り返された。

ユーゴスラヴィア共産党はチトー（本名ヨシプ・ブローズ）を最高司令官とするパルチザン部隊を結成し、武装蜂起した。ナチス・ドイツへの抵抗運動は苦戦が続き、山岳地帯に退却したパルチザン部隊はソ連に支援を要請したが拒否された。それでも粘り強く闘争を続けて、各地に支持を拡げ、一九四三年五月、イギリスがパルチザンを承認するに至った。続いて連合国側が正式にパルチザンを支持し、四四年になるとソ連の支援が得られるようになった。各地で解放が進み、一九四五年一一月に共産党によってユーゴスラヴィア連邦人民共和国が建国された［柴 1996: 79–101］。

翌一九四六年一月、ユーゴスラヴィア連邦人民共和国憲法が制定され、チトーを首相に社会主義体制が発足した。六つの共和国からなる連邦制の国家で、六つの共和国とは、スロヴェニア、クロアチア、ボスニア＝ヘルツェゴビナ、セルビア、モンテネグロ、マケドニアである（図表8–4）。各共和国の民族の構成比は異なるが、主要民族は五つで、スロヴェニア人、クロアチア人、セルビア人、マケドニア人、ムスリム（イスラム教徒）である。

当時のソ連指導者はスターリンであった。ユーゴは東欧九カ国によるコミンフォルム（共産党情報機関）会議の構成国だったが、ソ連の強権的な政策を受け入れなかったため、一九四八年開催のコミンフ

図表 8-4　ユーゴスラヴィア連邦

6共和国：スロヴェニア、クロアチア、ボスニア＝ヘルツェゴビナ、セルビア、モンテネグロ、マケドニア

ォルム会議で除名された。これ以降、ユーゴは独自の社会主義路線を歩むことになった。

ユーゴは国内においては自主管理社会主義の確立をめざした。各経済企業体で労働者代表が「労働者評議会」を構成して職場を自主管理し、生産目標を達成する。ユーゴ共産党は他の東欧諸国の共産党との違いを明確にするために、党名を「ユーゴスラヴィア共産主義同盟」に変更した。一九五三年にチトーは大統領に選出され、複雑な民族関係を内包しているユーゴスラヴィア連邦を強力なカリスマ性でまとめていった［カステラン 2000: 194–247］。

一九五三年にスターリンが死去すると、ソ連指導者フルシチョフはユーゴとの関係修復をはかり、一九五五年にソ連との国交が正常化した。しかし、ユーゴはワルシャワ条約機構に加盟せず、国際関係では非同盟外交を展開した。アジア・アフリカ諸国の支持を得て、一九六一年に首都ベオグラードで非同盟諸国会議を開催した［柴 1996: 79–101］。

ユーゴはこのように国内的には自主管理社会主義、国際的には非同盟主義で臨み、一九六三年制定の新憲法で法的に根拠づけた。国名をユーゴスラヴィア社会主義連邦共和国に改め、チトーが終身大統領に就任した。ユーゴスラヴィア連邦の戦後体制は一九六三年新憲法で確立した。

この二大原則は、ウォーラーステインが言うところの戦後に登場した二つの反システム運動、「社会主義運動」「民族解放運動」の理念をまさに体現している。ユーゴの戦後体制は反システムの理念追求として意義があったといえよう。

しかし、現実には自主管理による経済運営は円滑に機能せず、「共産主義同盟」が介在する中央集権的な計画経済が実態だった［カステラン 2000: 194–247］。北部地域のスロヴェニアやクロアチアでは一定水準の経済成長が実現したが、南部地域のマケドニアやモンテネグロでは経済は停滞し、地域間の経済格差が拡大した。失業者は増加し、企業や世帯間の格差が広がった［柴 1996: 79–101］。非同盟主義に依拠して西側諸国から開発援助資金を導入したが、借款が累積し、経済的負担が増加した［橋本 1998: 81］。

以上のように、ユーゴはソ連と一線を画して、自主管理主義を追求したが、経済政策は失敗した。連邦内に不満が蓄積していったが、チトーのカリスマ性に依拠して「共産主義同盟」と「ユーゴスラヴィア連邦人民軍」によって、すなわち政治的手段と軍事的手段によってユーゴ統一を維持した。

連邦の解体

一九七九年の第二次石油ショックはユーゴ経済に打撃を与え、インフレは加速した。一九八〇年五月にチトーが八七歳で死去した。カリスマ不在となり政治的凝集力は弱まった。さらに八〇年代後半、恒常的インフレによりストが頻発した。経済、政治の両面で危機が深刻化した［柴 1996: 136–151］［カステラン 2000: 194–200］。

一九八九年に「ベルリンの壁」が崩壊し、東欧諸国で共産党の一党支配が終わり、民主化が進んだ。

ユーゴでも「共産主義同盟」の一党支配に対する批判が高まり、八九年にスロヴェニア共和国とクロアチア共和国が複数政党制の導入を実現した。九〇年に自由選挙が実施され、クロアチアではクロアチア民主同盟（ＨＤＺ）が第一党となり、フラーニョ・トゥジマンが大統領に選出された。

他の四共和国でも順次、自由選挙が実施され、共産党政権が維持されているのはセルビア、モンテネグロのみになった。このような状況下、六共和国は新しい国家形態について協議を続けたが、統一された結論を出すことは難航した。一九九一年六月二五日、スロヴェニアとクロアチアの各国議会は「独立宣言」を採択、ユーゴスラヴィア連邦から実質的に離脱した［柴 1996: 151–160］。

8–3　内戦激化

ドゥブロヴニクへの攻撃

当時、クロアチア領域内には六〇万人近いセルビア人が居住していた。クロアチアが独立すると、セルビア人はクロアチア国内では少数者になるため、独立に反対し続けた。両民族の対立は深まった。セルビア人武装勢力とクロアチア警察軍との間で小規模な武力衝突が続き、これにユーゴスラヴィア連邦人民軍（実質的にセルビアとモンテネグロの連合軍、以下ユーゴ連邦軍と略称）が介入した。クロアチア領域内でのセルビア人保護を理由にしたもので、クロアチア領内は内戦状態を呈するようになった［柴 1996: 162–173］。

ドゥブロヴニク旧市街は一九七九年にユネスコ「世界文化遺産」に登録されていた（一九七九年申請

時の旧市街居住人口五二五五人)。「武力紛争の際の文化財の保護に関する条約」(一九五四年ハーグ条約)の適用下にあり、ドゥブロヴニクを攻撃することは国際法上、「文化財の破壊、意図的損傷」の犯罪行為に該当する。そのため、ドゥブロヴニクが攻撃を受けることはないという見通しが市民の間に広がっていた。しかし、内戦激化により楽観的な見通しは吹っ飛んだ。一九九一年九月下旬、ユーゴ連邦軍はドゥブロヴニク近郊への侵攻を開始した(図表8-5)。海上を封鎖し、陸路を遮断し、ドゥブロヴニクを包囲した。一〇月一日、近郊地域への本格的攻撃が始まった。

クパリ陥落

ユーゴ連邦軍が苛烈な攻撃を浴びせた近郊地域の一つがクパリである。クパリはドゥブロヴニクに近いこともあって、第一次世界大戦直後に海岸保養地として開発された。ユーゴスラヴィア連邦下、一九六〇年代には五つのホテルがあって、軍エリートの高級リゾートとして使用された。チトー大統領もクパリに別荘を持ち、クパリはアドリア海有数の保養地であった。

一九九一年一〇月四日、ユーゴ連邦軍は海上からクパリへの攻撃を開始した。ユーゴ連邦軍の攻撃を避けるため、近郊住民がクパリのホテルに逃げ込み、避難していた。ここを守備していたのは少人数かつ軽装備のクロアチア警察軍である。防御壁がないクパリは海上からの攻撃をまともに受け、ホテル群に砲弾が撃ち込まれた。一〇月下旬、クパリは陥落した。

クパリなど近郊地域を制圧したユーゴ連邦軍は一一月、ドゥブロヴニクに対する本格的な攻撃を開始した。

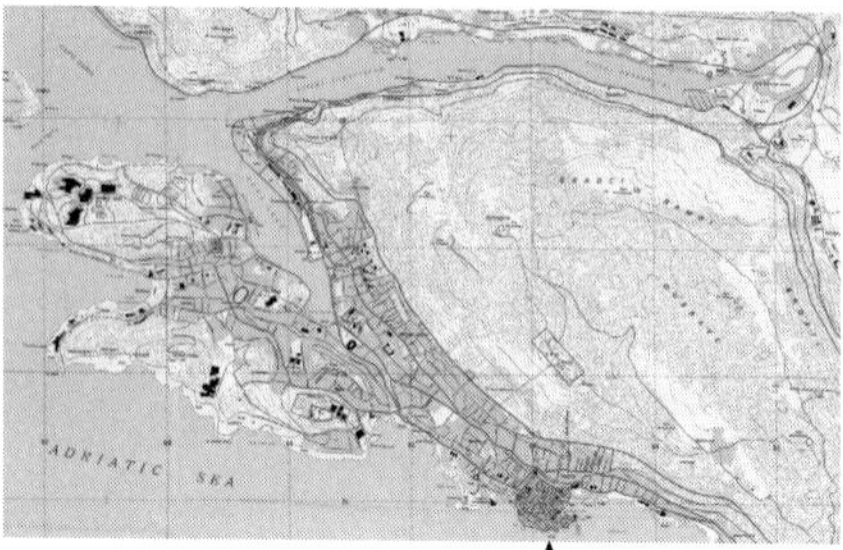

図表 8-5　ドゥブロヴニク近郊図
出典：[US txu-oclc-49848633-dubrovnik-1993]

ドゥブロヴニクおよび近郊地域の防衛に当たったのは、クロアチア警察軍と民間人で組織された人民防衛隊である。独立宣言後のまもない時期で、クロアチアは軍隊が未整備であった。警察軍が守備の主力になった。また、かつてユーゴ連邦はソ連に軍事侵攻されることを警戒し、各地域で人民防衛隊を組織するしくみが整っていた。重火器を装備したユーゴ連邦軍に対し、クロアチア警察軍および人民防衛隊は小火器、小銃の軽装備であった。

近郊住民は各地域の指定避難所に逃げ込んだ。また、攻撃の合間をぬって、船舶、漁船で遠方へ避難した住民もいる。ドゥブロヴニク市内は攻撃を受けないことを期待した住民は城内に逃げ込んだ。しかし、ユーゴ連邦軍はドゥブロヴニクを包囲し、海陸両方から市内に砲弾を浴びせた。大きな被害が出たのは一二月六日の攻撃である。口絵10はドゥブロヴニク市内の戦災図である。

陸海両面を遮断され、ドゥブロヴニク城内は籠城状態になった。包囲は一九九一年一〇月から一九九二年五月まで八カ月間続いた。そのうち一三八日間は電力供給、水道供給などインフラが遮断された。人道上の緊急救援が必要な状態であったが、ユーゴ連邦軍に国際法上の規制は効かず、人道支援が可能になるまで相当の期間を要した。

一九九二年五月、クロアチアの国連加盟が承認された。ドゥブロヴニクに国連の救援物資が定期的に入るようになり、実質的に包囲は解除され国連の保護下に入った。解除時、市内にいた居住民・避難民はおよそ一万二〇〇〇余名であった。この八カ月間の民間人の犠牲者は死亡者九二名、負傷者二二五名である［Miljenko, ed. 2002: 93–116］。停戦に至ったわけではなく、その後も断続的にドゥブロヴニク市内への砲撃は続いた。

ドゥブロヴニク近郊地域は引き続き、ユーゴ連邦軍が占拠し続け、住民が帰還することは不可能だった。クロアチアが近郊地域を奪還したのは一九九五年のことである。ユーゴ連邦軍が引き上げたのち、判明した近郊地域の被害状況は全焼五〇〇余棟、損壊一〇五一棟、何らかの被害を受けた建物は七七五七棟におよぶ［Miljenko, ed. 2002: 93–116］。

8–4　戦火の家族

このような戦火の日々を綴った手記がある［Rakidžija 2009］。近郊地域に住んでいたこの一家は、戦火で離散し、母子はドゥブロヴニク市内へ逃げ込んだ。手記に基づき、この家族が経験した恐怖と戦慄の日々をたどる。

戦慄

アニータの一家が住んでいたのは、ドゥブロヴニク旧市街から車で北へ一五分ほどのオラサックという近郊地域である。アニータは一九五七年生まれ、当時三四歳で、八歳と五歳の子どもがいた。五人家族で夫婦に二人の子ども、夫の母である。八歳の男の子の名前はヴラホといった。アニータはドゥブロヴニクでエコノミストとして働き、毎日車でドゥブロヴニクへ通勤していた。家はオラサックの高台にあり、キッチンの窓からアドリア海が見渡せた。内戦が始まる前はごく普通の平和な暮らしで、義母が語る「前回の戦争」とは第二次世界大戦のことであった。

一九九一年夏、テレビのニュースが伝える状況はどれも憂慮を深めるもので、アニータの家族も周囲の人々も明日がどのような一日になるのか見通しがつかない不安感におそわれていた。アニータの職場でも重装備のユーゴ連邦軍がドゥブロヴニク北部近郊に集結しつつあるという噂が広まっていた。そのあたりに住む同僚たちの欠勤が目立つことも漠然とした不安をかきたてた。

暗然とした思いを抱えつつ、アニータは最悪の事態に備えた準備を始めた。小麦粉と砂糖がいちばん重要な備品である。九月末、ユーゴ連邦軍の姿がアニータの目にも入るようになった。ユーゴ連邦軍がドゥブロヴニクおよび付近の海上を封鎖し、小型砲を搭載した砲撃ボートが海上を走り回るようになったのである。海に面したオラサックでは、家や庭の照明に注意するように伝達が回った。

アニータのキッチンの窓から砲撃ボートの走り回る様子が見えた。夕食の支度をするとき、アニータは電気はつけず、台所の床にろうそくをおいて、調理するようになった。

人民防衛隊が組織されて、夫は猟銃で武装し、毎晩、夜通しの見張りに出るようになった。幼い子どもと二人と義母の面倒をみるのはアニータの仕事になった。ちょっとの物音にも敏感になり、家の鍵を何度も確かめるようになった。朝になって夫がもどってくると、交替でアニータが仕事に行った。このようにして数日が過ぎた。

一〇月一日、いつものように六時半に起きて、アニータは窓を開けた。秋の美しい朝だった。突然、いままで聞いたことがない鈍い音が響いた。「近すぎる！」爆発音のようだった。アニータもまわりの人々もみな、ドゥブロヴニクは安全だと思っていた。何か恐ろしいことが起きようとしているのだろうか。ラジオをつけるとニュースが流れ、「我々は攻撃されています。敵が砲撃したのはコモ……」そこで、突然、電気が切れ、音が途絶えた。家のなかも暗くなった。恐怖で身体が震えはじめた。寝ていた二人の子どもを起こして、新しく作った「隠れ部屋」に入れた。食料貯蔵室の床下に階段があり、貯蔵スペースを広げることができるようになっていた。アニータは自力でここを改造して、いざというときに逃げ込める「隠れ部屋」を作っておいたのである［Rakidžija 2009: 23–24］。

パニック

家の外で空襲警報が鳴りはじめた。アニータが初めて聞く警報だった。近所の誰かが「避難所へ逃げてください。全員、避難所へ入ってください。人民防衛隊の指示です」と大きな声で触れ回っていた。アニータは二人の子どもと義母を連れて、家を出た。避難所は家から一〇〇メートルほどのところにあったが、警報が鳴るなかの避難は戦々恐々とし、たどり着けるのだろうかと心細く感じた。避難所に指定された建物は丘の上にあり、オリーブ畑を横切り、上っていった。八歳のヴラホは怖がらずにどんどん歩き、義母も気丈に後に続いた。

避難所に指定されていた建物はコンクリート造りの四～五階建で、空襲にも耐えられるように見えた。中は避難してきた人でいっぱいで、わずかな隙間を見つけて、家族を押し込んだ。大多数は女性、子ども、高齢者で、恐怖に満ちた表情で、パニック状態の人も多かった。小さな子どもたちは泣き叫んでいた。

避難所には水も電気もなかった。アニータは意を決して家へとって返し、子どもたちの食べ物を持ってきた。あっという間に夕暮れになり、秋の夜は冷え込んだ。つめたい床に敷くものは古毛布しかなく、寒さが身にしみた。いざという時に備えて、着のみ着のままで靴を履いて寝た。ポケットに入れたロザリオをまさぐり、一つずつたどりながら神に加護を祈った。避難所での最初の夜が明けた。

翌日、攻撃はなく静かだった。午前中、アニータは子どもたちを連れて家に帰った。かわいそうだが、何が起こるかわからないので、「隠れ部屋」に入れて外には出さない。夫が見張りの合間をぬって、家の様子を見に帰ってきたが一～二時間ですぐもどっていった。アニータも子どもたちと避難所へもどったが、前日よりは落ち着き、床に敷く古マットを持っていくことを忘れなかった。厚着して家を出たが、避難所で過ごす二晩めも辛かった。

ラジオのニュースに明るい見通しをもてるものは何ひとつなかった。近くの村が空襲で攻撃された。人民防衛隊は緊急避難時に備えて、家族は常に一緒に行動し、ばらばらにならないように指示を出した［Rakidžija 2009: 25–26］。

脱出

避難所四日め、城壁があるドゥブロヴニク市内のほうが安全と思われ、女性や子どもを避難させることが検討され始めた。しかし、オラサックからドゥブロヴニク市内に至る道路はすでにユーゴ連邦軍が占拠しており、陸上の移動は不可能だった。海上は砲撃ボートが走り回り、南からの強風が吹く季節になり、海は荒れていた。安全な移動手段はもはやなかった。

一〇月五日午前中、家族そろってまた家へもどった。義母と八歳のヴラホが先頭に立った。近傍の丘を敵のヘリコプターが飛び回っていた。電気が切れて五日めに入り、そろそろ冷蔵庫に入れていた食料が限界になるころだった。アニータは子どもたちに「隠れ部屋」から出ないように言って、食材を調理した。

午後四時ごろ突然、夫が家に駆け込んできた。「いますぐ、君と子どもたちはドゥブロヴニク市内に逃げろ。まもなく漁船が一隻、ザパンの港からドゥブロヴニクへ向かう」と叫んだ。アニータは恐怖で手足が動かなくなった。「怖い、行かない。」夫は「行かなきゃいけない、すぐだ。」涙があふれたが、考えている余裕はなかった。古毛布をつかみ、一ガロン入りの水容器を手にした。ドゥブロヴニク市内は水が不足していることを知っていた。ミルクやココアも持った。二〜三日の避難と思ったので、冬服は持たなかった。夫は母にも支度するように言ったが、義母は行かないと言った。

慌ただしく別れを告げた。ヴラホが荷物を運ぶのを手伝ってくれた。車に飛び乗ってザパンの港に着いたとき、漁船はすでにもやい綱を解いて、波止場を離れようとしているところだった。躊躇している暇はなく、漁船に飛び乗った。二〇人余りが乗船していた。ユーゴ連邦軍を避けるため、どこに上陸するのか判然としなかった［Rakidžija 2009: 26–29］。

8-5　ドゥブロヴニク包囲

限界

その夜、漁船はドゥブロヴニク西側の波止場に着船した。人民防衛隊の隊員が待っていて、避難所になっている近くのホテルに誘導してくれた。ホテルの廊下が避難スペースだったが、すでに避難者で満杯だった。水もなく、電気もなく、トイレのドアはすべて施錠されていた。明かりは植木鉢のなかに灯されたろうそくだけだった。割り込むスペースを見つけた。子どもたちは生まれてはじめて、座ったまま眠った。すでに一二時間以上、何も口にしていなかった。避難所のホテルには海に面した大きなテラスがあり、脱出してきたオラサック方面が見渡せた。攻撃を受けて大規模な火災が起きているらしく、すべてを焼き尽くすように夜空に炎が見えた。夫と義母を思うと胸がつぶれた。

ドゥブロヴニク市内に住む夫の叔父を頼るようにと、夫は言っていた。一〇月六日の早朝、電話したがつながらない。やっと電話がつながったとき、途方に暮れていたアニータは泣きながら助けを求めた。午前七時半、叔父が迎えに来た。その顔を見たとき、アニータは思わず泣き出した。人前で涙をこらえきれず泣きだしたのは人生ではじめてのことである。アニータと子どもたちは叔父の家に厄介になることになった。

プロチェ門近くの古い一角に叔父の家があった。アニータは叔父の家族だけと思っていたが、同じように近郊からドゥブロヴニクに逃げこんだ叔父の友人一家が避難して厄介になっていた。広くはない住居に九人もの避難者がひしめくことになった。子どもたちは持ってきたおもちゃで静かに遊ぶようになった。ヴラホは車、五歳のイヴァーナは人形である。オラサックとの電話回線は切れており、夫や義母の安否は全くわからなかった［Rakidžija 2009: 29–32］。

水不足

九人もの避難者を受け入れ、叔父は水と食料の確保に奮闘した。野菜など生鮮食料品を入手することは不可能だった。ドゥブロヴニクの水不足は深刻さを増し、水洗トイレは水を流すことができず、衛生状態は悪くなった。数日が過ぎた。

ある朝九時頃、ドアをノックする音がし、突然、夫が現れた。アニータの頬に涙が伝った。夫は子どもたちを抱きしめた。夫は四ガロンの水と食料（果物、野菜、卵、ミルク）を抱えてきた。あらゆるものが不足している状況のなかで贅沢品だった。どのようにドゥブロヴニクにたどり着いたのか尋ねても、夫は答えなかった。夫はすでにクロアチア軍の戦闘要員として組み込まれており、たった三〇分の再会で、すぐに戻らなければならなかった。「子どもたちを頼むよ。君も身体に気をつけて」と言って、夫は消えた。

慣れない避難生活、秋が深まり下がる気温、悪化する衛生状態で、子どもたちは熱を出した。薬の入手は難しかった。せめてマーマレードやバターをつけたパンを食べさせてあげたかったが、市内の食料品店には日持ちする麺や米、酒などしかなかった。子どもたちの頭にはシラミがわいた。

ある日、どんよりとした雲で、いまにも雨が降りそうな気配になった。叔父は雨水をビニール製の子

1991年　秋　水を運ぶ子ども

図表 8-6　戦火の日々：水

出典：［Dubrovnik Museums, Contemporary History Museum, 2009: 15］

どもプールにためることを思いついた。雨樋を流れ落ちる水を消防用ホースで受けて、プールに流し込むようにみんなで準備した。この案は大当たりだった。久しぶりの大雨で、誰もが子どものように喜んだ。雨で頭を洗い、身体を洗い、服を洗った。雨樋から流れ落ちる雨水をうけて、子どもプールは満杯になった。隣人は歩道を流れる雨水をバケツですくった。それほど、ドゥブロヴニクの水不足は深刻だったのである。ヴラホは水が貯まった子どもプールから容器いっぱいに水をうつして運んできてくれた（図表8-6）。

　包囲がこんなに長引くと予想していなかったので、冬物衣料を持ってきていないことが心配だった。一〇月二〇日、突然、夫が冬物衣料を抱えて現れた。コートやオーバーはなかった。夫は、そこまでは長引かないと思うと言った。それを聞いて、アニータの気持ちは明るくなった。夫がこの土地にいる限り、どんなことがあってもドゥブロヴニクを離れるつもりはなかった［Rakidžija 2009: 32-36］。

8-6　無差別攻撃

交渉決裂

しかし、戦況はそのような楽観的見通しを許さない方向へ展開していった。このときクロアチア内戦をめぐる国際状況は次のようであった。当初はEC（欧州共同体）で停戦交渉の仲介が試みられた。内戦勃発後、ECは一九九一年九月、オランダのハーグにユーゴ和平会議を設置した。一〇月中旬にはECの監視要員がドゥブロヴニクに入り、ユーゴ連邦軍とドゥブロヴニク行政代表との間を仲介し、調停に着手した。

しかし、ユーゴ連邦軍はドゥブロヴニク近郊地域への攻撃をエスカレートさせる一方で、クパリなどへ破壊的な砲撃が行われた。ECの監視要員は一〇月二二日、調停不可能としてドゥブロヴニクを引き上げた。同日、近郊住民が逃げ込んだ避難所が攻撃の対象になり、民間人に対する無差別の砲撃が始まった。翌二三日にはドゥブロヴニク市内への砲撃が始まった。

一〇月二五日、EC監視要員はツヴァタット（Cavtat）に、再び調停の場を設け、午後五時をもって停戦する合意がユーゴ連邦軍との間に成立した。しかし、二七日にドゥブロヴニクへの砲撃がまた始まり、停戦協定は破棄された。EC監視要員の抗議に対し、ユーゴ連邦軍の返答は、クロアチア警察軍が武装を解き、武器を引き渡すことを要求するもので、ECが仲介する調停は失敗し、交渉は決裂した[Miljenko, ed. 2002: 93–116]。

この間、国連はデ・クエヤル国連事務総長の特使としてアメリカの元国務長官サイラス・ヴァンスを指名し、ハーグのユーゴ和平会議に参加して、仲介の道筋を探っていた。また、国連の専門機関ユネスコ（UNESCO）は事務局長の特使をドゥブロヴニクに派遣することを決めた。世界文化遺産に登録されているドゥブロヴニク旧市街はハーグ条約の効力下にあり、ドゥブロヴニクへの攻撃は、文化財の破壊

1991年10月31日　市内を視察する「リベルタス」の一行

「リベルタス」一行に会うため、聖ヴラホ教会前に集まった人々

図表 8-7　1991年10月31日、ドゥブロヴニク支援団「リベルタス」が上陸

出典：[Dubrovnik Museums, Contemporary History Museum, 2009:（上）21,（下）20]

または意図的損傷の犯罪行為に該当する。一〇月二八日、ユネスコ事務局長の特使がドゥブロヴニクに入った。ドゥブロヴニクの文化遺産にハーグ条約の標章を付け、国連旗を掲げた［高橋 2010］。

一〇月二九日午後一時、イタリア、イギリス、オランダ、ギリシャの各国大使とアメリカの副大使からなる一団が各国軍隊に護衛されて、ドゥブロヴニクに上陸した。約二時間ドゥブロヴニクの状況を視察した。翌朝、ボスニア赤十字から八〇トンの物資を搭載した救援船がドゥブロヴニクに入港した［Miljenko, ed. 2002: 93–116］。国際的な人道支援が開始し、市内にいる居住者・避難者の名簿が作成された［Rakidžija 2009: 37］。

また、ザグレブではドゥブロヴニク支援を目的に結成された「聖ヴラホ基金」とクロアチア作家協会によって、「リベルタス（自由）」と名づけた一団が編成された。これにクロアチアの首相、大臣が加わり、ユーゴ連邦軍の海上封鎖を突破し、ドゥブロヴニクに上陸することを試みた［Kalle 2017: 17］。

一〇月三一日、朝六時、三〇隻の船を連ねた「リベルタス（自由）」の一行がドゥブロヴニクに入港した。多数の要人が加わった一行にユーゴ連邦軍は手出しをしなかったのである。人々は救いが来たかのように喜んだ。大聖堂でミサが行われた。そのあと聖ヴラホ教会の前に場所を移し、リベルタス一行は期待を抱いて集まった人々の前で演説をした（図表8-7）。そして、その日のうちに立ち去った。人々の期待は吹き飛ばされた。敵の包囲のなかに残され、何ひとつ変わらなかった［Rakidžija 2009: 42］。

破壊

一〇月下旬に国内外の要人がドゥブロヴニクに上陸したことは、攻撃への抑止力として意味があり、その数日間は砲撃は止んだ。しかし、それは一時的なもので、一一月上旬、また砲撃が始まり、連日続いた。一一月一一日、あらゆる方向から市内へ砲弾が撃ち込まれた（図表8-8）。数多くの文化遺産が損壊した。避難民で満杯の避難所にも砲弾が貫通した。

一一月一五日、ユニセフ旗をかかげた高速船がドゥブロヴニクに着船した。パリからユニセフ幹部が到来し、フランスの福祉大臣、イタリアの移民大臣などが同行していた。一行は被害状況を詳細に視察した。「ローマから空路わずか一時間の土地で、このような破壊が行われているとは全く信じ難いことだ」と、イタリアの移民大臣は述べた。

一一月二四日、イタリア軍艦に護衛されて、水一一〇〇トンを積んだイタリアのタンカー船がドゥブロヴニクに到着した。ユニセフの手配によるものである。二五日、国際赤十字の救援船が到着した。二六日、イタリアの救援船が食糧、水、薬品を搭載して到着した。二七日、ユネスコの事務局長特使の一

1991年12月6日砲撃を受けて炎上する港

砲撃を受ける聖イヴァン要塞

図表8-9　ドゥブロヴニク旧港への砲撃

出典：［Miljenko, ed. 2002:（上）Damir Vilicic,（下）Pavo Urban］

図表8-8　1991年11月、市内への砲撃

出典：［Dubrovnik Museums, Contemporary History Museum, 2009: 75］

行が国連旗を掲げた高速船で到着し、文化遺産の被害状況を詳細に視察した。一一月二九日、ふたたび、フランスの福祉大臣がフランス・アカデミーのメンバーをともなってドゥブロヴニクにもどってきた［Miljenko, ed. 2002: 93–116］。抑止力を持続させるために、必死の国際支援が続いた。

しかし、一二月六日、聖ニコラスの日、ドゥブロヴニクをたたき潰し絶命させるかのような徹底的な砲撃が終日行われた（図表8-9）。最も苛烈に攻撃された日であった。海から陸から、あらゆる方向から砲弾が撃ち込まれ、頭上を飛び交い炸裂し、爆弾の数はもはや数えきれなかった（図表8-10）。聖ニコラスの日は子どもたちがプレゼントをもらい、クリスマスツリーの飾りつけを始める習わしの日である。子どもたちが楽しみに待っていた日は、地獄の一日に変わった。

夜、砲弾の音が止んだ。アニータ一家が避難壕から這い出してみると、「かつて」アドリア海の真珠と謳われた街のいたるところに砲弾が落ち、炎で焼き尽くされ、港ではいくつもの船がまだ燃えていた［Rakidžija 2009: 59］。

仲介

その後、クロアチアをめぐる国際情勢は次のように推移した。一二月二三日、ドイツがクロアチアの独立を承認した。ドイツは前年に東西ドイツ統一を実現しており、クロアチアの支援に積極的に関与した。

1991年12月6日の砲撃で屋根が破損したフランチェスコ会修道院の鐘楼

フランチェスコ会修道院に墜ちた砲弾の一部

図表 8-10　砲撃を受けたフランチェスコ会修道院

出典：（上）［Dubrovnik Museums, Contemporary History Museum, 2009: 77］
（下）筆者撮影

国連特使ヴァンスの仲介が一定の成果を引き出し、一九九二年一月三日に一時的な停戦協定が成立した。紛争の焦点はクロアチア国内のセルビア人居住地域の帰趨であり、ヴァンスは該当地域を国連保護区に指定し、国連保護軍（UNPROFOR）の監視のもと非軍事化を維持することを提案して合意を得たのである。

クロアチアの独立承認は、一月一三日にヴァチカン、一月一五日にEC諸国、四月七日にアメリカと続いた［岩田 2006］。五月二二日にクロアチアは国連加盟が承認された。ようやくドゥブロヴニクの包囲は解除された。

以上のように、当初のEC主導による停戦交渉は難航したが、国連主導に切り替わった後、激しい砲撃戦がドゥブロヴニク周辺で展開される状況はいったん収まった。しかし、クロアチア国内の国連保護区をめぐってセルビア人勢力が分裂したり、クロアチア軍との戦闘が生じるなど、事態沈静化にはほど遠く、クロアチア内戦は一九九五年まで続いた。また、隣国ボスニア＝ヘルツェゴビナでは九二年春から内線が激化し、ユーゴスラヴィア連邦の解体をめぐる紛争は国際問題となり、多大な犠牲を出し続けた。ドゥブロヴニクへの攻撃は「反システム」国の崩壊過程で生じた一局面であった。

紛争継続中の一九九三年、オランダのハーグに旧ユーゴスラヴィア国際刑事裁判所（ＩＣＴＹ）が設置された。クロアチア独立戦争の武力紛争で発生した犯罪行為も裁判の対象になった。ドゥブロヴニク攻撃時のユーゴスラヴィア連邦人民軍の司令官は、ストゥルガー中将という人物である。ドゥブロヴニク旧市街には軍事目標がないにもかかわらず、故意かつ無差別に攻撃し、文化財を破壊・損傷した罪で訴追された。二〇〇五年一月三一日、ＩＣＴＹはストゥルガーに禁固八年の刑を言い渡した。二〇〇六年九月一五日、被告は控訴を取り下げ、刑が確定した［高橋2010］。攻撃から犯罪として確定するまで一四年も経過していた。

8-7　二一世紀の復活——戦火と守護聖人

ユネスコを中心に、破損したドゥブロヴニクの文化遺産修復が進められた。今日のように賑わいが復活し、多くの観光客が訪れるようになったのは二一世紀になってからである。

戦火をあびた郊外地域はリゾート地として開発中である。アドリア海を眺め渡すことができる丘の上や中腹に、新しいリゾート・アパートが次々と建てられ、売り出されている。不動産業が盛況で、国外からの購入者も多い。リゾート開発には旧東欧社会主義国の資本も投入されているという。ドゥブロヴニク郊外地域は、ヨーロッパ有数のリゾート地の一つとして拡大した。

よく見れば、華やかな街の表情の奥に、街のあちこちで戦火の記録が展示されていることに気づくであろう。この賑わいは、戦火から蘇り、ふたたび手にすることができたからこそ貴重なのである。復活した街で暮らすドゥブロヴニクの人々の心情は、観光客が思い至らぬほど深いものがある。

それぞれの人が戦火の記憶を抱えている。ドゥブロヴニク大聖堂は激戦のさなかも聖ヴラホの聖遺物を市外に避難させることはせず、無事守り抜いた。その選択が正しかったからこそ、「いま」がある。ドゥブロヴニク大聖堂の宝物庫の前で、大聖堂のシスター・ヴェロニカはそう語った。

終　章　歴史都市と現代社会

三層の歴史的時間とドゥブロヴニク

ドゥブロヴニクが歴史のなかに明確にその姿をあらわすようになったのは一〇世紀である。それ以来、現代にいたるまで千年余、ドゥブロヴニクは一貫して都市すなわち「市場」であった。地形や気候など「長期的時間」でとらえるものはさほど変わっていない。しかし、「中期的時間」視点でとらえる社会経済的変動、つまり都市としてのドゥブロヴニクや外部社会の変化は激しかった。

地中海世界で資本主義経済が発展し、「世界＝経済」圏が形成された。都市国家ヴェネツィアが覇権を握り、地中海域に「中核・周辺」構造が形成された。ドゥブロヴニクは中核地域のなかの一都市であった。都市国家ドゥブロヴニクに属する船舶には守護聖人ヴラホの旗がはためいていた。

その後、海洋交易圏の拡大にともなって、世界システムは拡張した。ヘゲモニーは国民国家が握るようになり、オランダ、イギリスが世界システムの中心を占めた。そして二〇世紀、アメリカがヘゲモニーを握った世界システムで、反システム体制として形成された「社会主義圏」にドゥブロヴニクは一時期属することになった。非効率的な経済体制から離脱する際、ドゥブロヴニクは攻撃の対象にされた。

このように「中期的時間」視点でとらえるドゥブロヴニクの歴史は、激動そのものである。地中海、そして世界の社会経済的変動の荒波に揺さぶられ続けてきた。また、ドゥブロヴニクをめぐる現代の都市攻防戦は「短期的時間」の局面である。世界遺産への攻撃は国際法の改正を促すほど激烈であった。ドゥブロヴニクにおいて、ヴラホは「長期的時間」に属するが如き存在である。「中期的時間」「短期的時間」の激しい波に揺さぶられても、「長期的時間」の静謐にいつかはもどる。都市もまた長期的時間のなかに存在していることを信じるよすがになっているのが守護聖人ヴラホである。

局地的市場圏の成立

「中期的時間」の変動をまとめておこう。ドゥブロヴニクが「定住地」として持続できるようになったことを確認できるのは一〇世紀である。ビザンツ帝国に領有され、貢納関係で従属していたが、政治的には安定していた。城砦・城壁が築かれ、一定数の人口を擁するようになった。この時期、定住の基盤が整備されていった。ダルマチアを実際に支配していたのはスラブ人である。ビザンツ帝国はスラブ人支配者と約定を結び、ドゥブロヴニクはそれに従って貢納金相当額をスラブ人支配者に納めていた。

都市内部はローマ人とスラブ人が混住し、城壁外にはスラブ人居住区があった。一〇世紀、ローマ人を祖先とする人々がドゥブロヴニクの商業者層を構成し、局地的市場が成立していたと推測される。一一世紀前半、ドゥブロヴニクは大司教座都市になり、ローマ法王庁宗教圏の拠点都市の一つとして位置づけられた。アドリア海沿岸における局地的経済圏の中核都市であり、宗教的な中心であった。

遠隔地交易圏への参入

一二世紀後半、ビザンツ帝国の保護下にあったドゥブロヴニクは遠隔地の都市と通商関係を発展させた。ドゥブロヴニクは遠隔地交易圏に連接するようになったのである。通商協定を結ぶ役割を担ったのはドゥブロヴニク貴族層から選任された代表者である。貴族による上位商業者層が組織化されていたことを示す。遠隔地交易圏に参入して資本蓄積を発展させる体制が構築されつつあったことがうかがえる。

この時期、ドゥブロヴニクは「コムーネ（comune）」すなわち都市共同体を称するようになった。イタリア各地の都市コムーネ（ピサ、アンコーナ、ファーノ）など同様の商業都市と通商協定を結び、ドゥブロヴニクも都市共同体としての機能を強化していった。

バルカン半島内陸部セルビア、ボスニアの首長との間においても協定を結んだ。一二世紀後半、ドゥブロヴニクの上位商業者層は地中海経済圏とバルカン勢力圏の両方に遠隔地交易のネットワークを形成した。

地中海域「世界システム」の形成

ビザンツ帝国は一二〇四年に首都コンスタンティノープル陥落によって一時消滅した。ヴェネツィア共和国がビザンツ帝国領の八分の三を領有することになり、地中海域におけるヴェネツィアの勢力拡大が本格化した。ヴェネツィアはダルマチアの支配権を手に入れ、アドリア海航行の利便性を高め、資本蓄積様式の効率化を進めた。勢力圏拡大のため、他都市を威圧し、紛争が発生した。ドゥブロヴニクはヴェネツィアの制圧の対象になり、一三五八年までの約一世紀半、ヴェネツィア支配下におかれた。

他方、ドゥブロヴニクはコンスタンティノープル陥落前から地中海沿岸のイタリア諸都市との交易を活発化させて独自の通商関係を築いていた。また、バルカン勢力圏は交易の機会を求め、地中海への出口であるドゥブロヴニクに接近してきた。ドゥブロヴニクは地中海経済圏とバルカン内陸交易圏との結節点という有利な立場にあった。

ドゥブロヴニクはヴェネツィアの支配下にあったが、これは都市共同体の基盤を強化することにもなった。ヴェネツィアの覇権を支える都市として、ヴェネツィアから行政長官が派遣され、都市法、都市行政機構が整備された。アーセナル（軍用船造船所）が建造され、城壁・要塞が強化された。政治行政、軍事の両面において「世界＝経済」中核地域のなかの都市にふさわしい体裁が整った。

独立した都市国家

ヴェネツィアの経済力は一四世紀に一時的に退潮した。ドゥブロヴニクはこの機会を逃さなかった。バルカン勢力圏との関係を緊密にし、ハンガリーの宗主権を受け入れた。貢納金は納めたが、ヴェネツィアから行政長官を派遣することを中止させた。ドゥブロヴニク貴族層から行政総督を選出することをハンガリーに認めさせた。バルカン勢力圏と組んで、ドゥブロヴニクは都市国家として自立を実現した。

ヴェネツィアは一五世紀前半に勢力を回復し、アドリア海域をふたたび支配するようになった。地中海域「世界システム」でヘゲモニーを握った。アドリア海沿岸部はドゥブロヴニク以外はヴェネツィア領になった。しかし、独立性を高めた都市国家ドゥブロヴニクはヴェネツィア支配に屈することはなかった。

ブローデルによれば一六五〇年頃まで地中海世界はヨーロッパ経済の中心だった。地中海域で資本主義経済「世界システム」は発展した。世界システムの周辺部は異なる原理の世界システムと衝突するリスクが高い。まさに異質な原理の「世界＝帝国」オスマントルコが東ヨーロッパから勢力を拡張しており、二つの圏域が交錯する場所にドゥブロヴニクはあった。ドゥブロヴニクはオスマン防衛のため、城壁を強化し、堅牢にした。

一四五八年、ドゥブロヴニク政府はオスマン帝国の勢力下に入ることを選択した。交易に関する優遇の保障を得るのと交換に、貢納金を納めた。オスマン帝国は貢納制度により、政治的官僚機構を通して資源を吸収した。「世界＝経済」ではなく、「世界＝帝国」の統治型である。

遠隔地交易は地中海世界から外洋へ拡大し、世界システムの空間的範域も拡大した。経済的卓越は、これまでのような都市国家ではなく、国民国家によって実現されるようになった。このように世界システムがダイナミックに拡張していた時代に、ドゥブロヴニクはオスマンの「世界＝帝国」圏内にあり、一八〇八年まで都市国家の体制を維持した。しかし、同時期に世界システム圏内で資本蓄積能力を強化していた中核地域の国民国家と比較すると、経済・政治・軍事の諸領域で弱体であったことは否めない。

独立の喪失

世界システム圏内の中核地域にあって諸機能を強化した国民国家に都市国家ドゥブロヴニクが対抗することは難しかった。一八〇八年、ナポレオン戦争に巻き込まれ、独立を喪失、都市国家としてのドゥブロヴニクは滅亡した。

ナポレオン戦争は世界システムの視点からみると、次のような性格の戦争であったといえよう。ヨーロッパの国民国家は大航海貿易によって資源を蓄積した。オランダのヘゲモニー確立後、追随国家は競合し、国家間の政治的対立、軍事的対立が激しくなった。軍事費に資本が投入され、国家間の戦争は大規模化した。

国家的基盤を固め、近代戦争や軍事作戦に習熟したナポレオン軍に対し、ドゥブロヴニクは都市国家体制のままで規模は小さく、近代的戦闘に対抗することは難しかった。オスマンの「世界＝帝国」の保障に依存していたドゥブロヴニクはあっけなく独立を失った。世界システム「半周辺」の一都市になった。その後も、世界システム中核地域に復帰することは難しい状況が続いた。

「半周辺」から「反システム」へ

近代社会で世界システムのヘゲモニー国家として成長したのはイギリスである。競合国家はドイツであった。世界システムの「中核・半周辺・周辺」構造は地球規模に拡大していった。イギリス、ドイツのような覇権国家、追随国家はいずれも西ヨーロッパに位置していた。ドゥブロヴニクは東ヨーロッパの「半周辺」国家の一都市として近現代社会の変動に直面することになった。

第二次世界大戦で東欧地域はナチスの支配・影響下におかれた。この状況から脱して国民国家を建設することが東欧の課題であった。ソビエト連邦は東欧地域で共産党が政権を掌握することを支援し、社会主義圏を拡大させた。第二次世界大戦後、アメリカがヘゲモニーを握ると、「半周辺」にあった東欧は、ソ連主導の「反システム」体制に組み込まれ、政治的・軍事的な対抗運動を展開していった。

一九八九年のベルリンの壁崩壊後、一九九一年にソビエト連邦は解体した。「反システム」の理念を追求したユーゴスラヴィア連邦も解体の過程を歩むことになった。ユーゴからの離脱をはかったクロアチアは、一九九一年に独立を宣言したが、独立国家として国際的承認を得る以前の状況にあり、軍事的な同盟国もなく、軍事力は脆弱だった。反システム体制の強権勢力は経済的実効性、政治的正当性を失っていたが、軍事力は機能していた。「反システム」体制が解体していく過程で、軍事的同盟をもたない離脱勢力は強権勢力による軍事的威圧を受けることになった。

ドゥブロヴニクは包囲された。籠城していた市民はヨーロッパ西側諸国の支援を期待した。ドゥブロヴニクは世界遺産都市として、東西を超えた世界的価値を認められた都市であり、国際法の保護対象だったからである。しかし、救援の動きは鈍く、期待通りには進まなかった。当時、「社会主義圏」の縮小にともなって、「資本主義圏」の軍事同盟であるNATOは戦略転換期にあった。転換方向について加盟国の合意はまだ形成されていなかった。ユーゴスラヴィア連邦の解体は早い展開で進み、ヨーロッパにおける新たな安全保障の枠組が変化しているさなか、ドゥブロヴニクをめぐる攻防戦が生じたのである。国際的支援の鈍さはドゥブロヴニク包囲に耐える人々を希望と失望で揺さぶった。

NATOが安全保障を強調した軍事同盟という役割を修正して、「危機管理型・即時緊急対応型の軍事支援」という役割を再構築していったのはクロアチア独立戦争後のことである［渡邊 2018: 171–173］。

歴史都市「長期的時間」と「生命線」

世界システムの拡大の過程は「中期的時間」の範疇の出来事である。耐えがたく感じる戦争と被害は

「短期的時間」の局面である。「長期的時間」の安寧を信じてこそ、「中期的時間」「短期的時間」の出来事をしのいでゆけることをドゥブロヴニクの「歴史都市の復活」は示している。

現代の私たちは「短期的時間」局面の紛争に「核の脅威」がつきまとうことを如実に実感せざるを得ない。「核」がある世界になってしまった以上、これまでのように「長期的時間」に私たちが復活していけるのかどうかは未知数である。

「長期的時間」に立ち返ることができる「生命線」とは何か。現代の私たちも、今後のそれぞれの時代に生きる人たちも、省察を深めてゆかなければならないことをドゥブロヴニクの「歴史都市の復活」と守護聖人ヴラホは示唆していると思う。

あとがき　現代都市と守護聖人

　はじめてドゥブロヴニクを訪れたのは二〇〇八年二月である。ドゥブロヴニクに数日滞在し、当時暮らしていたイギリスへもどる日、午前中にクパリを訪れた。クロアチア独立戦争の際に攻撃され、おびただしい弾痕を残したままの建物を見て衝撃を受けた。

　その日の午後、コソボでは独立が宣言されると報道されていた。飛行機の搭乗時間はちょうど独立が宣言される予定時間と同じだった。飛行機がドゥブロヴニクの上空に舞い上がったとき、窓からコソボ方面を眺めた。コソボの独立宣言や、その日クパリで見た紛争の爪痕など、激動の現代史を経てきたバルカンにいることを強く実感した。

　ドゥブロヴニクの人々にとって、ヴラホがどのような意味をもつ存在なのか、都市社会学を学ぶ者として掘り下げなければならないと強く思った。その後、頻繁にドゥブロヴニクを訪ねるようになり、街のなかを歩き回り、守護聖人ヴラホが街のいたるところに刻まれていることに改めて驚いた。ヴラホを導き手として、人々がドゥブロヴニクを死守した歴史や都市の本質について深く考える契機になった。

　本書執筆の最終段階で、東欧ウクライナがロシアに侵略される戦争が起きた。武力で主権国家を脅かす構造が二一世紀の現在も東欧で持続していることに衝撃を受けた。ドゥブロヴニクはバルカン半島に位置し、近現代に激しい政治的社会的変動を経験した。変転が激しい東欧にあるドゥブロヴニクでは今後も「城壁」と「守護聖人ヴラホ」は不可欠であると強く思った。

＊＊＊

中世都市と守護聖人は、長いこと、私にとって最も身近な話題の一つであった。父のクリスチャン・ネームは「アッシジの聖フランチェスコ」で、イタリアの中世都市アッシジで創造力豊かに生きたフランチェスコの軌跡、フランチェスコのもとに集った個性的な同志の面々、信仰の絆で結ばれた仲間と創りあげてゆく修道会など、父が語るフランチェスコの魅力と信仰のドラマは心躍らせる炉辺談話の一つであった。その話は一つずつ父の著作の各章に昇華して珠玉の小編となり、ライフワークの一つとして遺った。フランチェスコは我が家の最も身近な聖人であり、アッシジの街なかの細路や辻々、トスカーナの町々をつなぐ田舎道。光あふれるウンブリアの平原と、太陽賛歌を謳い吟遊詩を朗唱するフランチェスコの姿は私のこころのなかに生き続けている。フランチェスコの吟遊詩は文学の原点であり、ことばと社会の在り方を示唆している。

アッシジの街はずれにあったフランチェスコと仲間の粗末な苫屋は、修道会が大きくなるにつれて石造りの教会となり、いまではフランチェスコの名を冠した大聖堂がそびえ、世界中から巡礼者が訪れる町になった。都市が聖人と共に歩む成り行きはさまざまである。

＊＊＊

フランチェスコは我が家の同伴者であり、原点に帰りたいとき、私はアッシジ郊外のスバシオ山頂に行く。ここは大きくなった信仰集団からフランチェスコが離れ、原点にもどるため、独りこもって瞑想した場所である。一九九一年、父が亡くなった年の初夏、私はスバシオ山頂に登り、フランチェスコゆかりのモンテスバシオ修道院を訪ねた。修道院の奥の草原でユーゴスラヴィアから来た修道女の一団に出会った。静謐な山上、玲瓏とした空気。ユーゴスラヴィアのシスターたちの鈴をふるような賛美歌が響きわたっていた。私にとってユーゴスラヴィアは遠い国で、夢のなかの話のようにシスターたちの住む町の名前を聞いた。海沿いの町だとシスターたちは語っていた。

それからほどなく、ユーゴスラヴィアで戦争が起きている報道を聞くようになった。ユーゴ内戦のことを耳にするたびに、夏の山頂で会ったシスターたちのことを憶い出した。暗い震えあがるニュースと明るい歌声のシスターたちの姿は同じ国のこととは思えなかった。フランチェスコ「復活」の地を踏んだことがシスターたちの救いになることを願うのみであった。山上の賛美歌は、真に遠くなってしまった「夢の時間」だった。

世界のどこに住んでいても、天災人災、思いがけない厄災や不幸に嘆くことに終わりはない。身近に寄り添う「復活」のシンボルを、いつ、どこに住んでも必要とする。人々の「復活」に寄り添う同伴者についてこれからも一歩一歩考えてゆきたい。

二〇二二年七月

武田尚子

索　引

あ　行

か　行

は　行

ま・や・ら行

文　献

外国語文献

Badurina, A., 1980, Motives for the Choice of St. Blasius as Patron Saint of the City of Dubrovnik, *Contributions to the History of Art in Dalmatia*, Vol.21, No.1: 142–148.

Balija, P., 2015, Loot and Prey While You May: Thefts in the Aftermath of the 1667 Great Earthquake of Dubrovnik, *Anali Zavoda za povijesne znanosti Hrvatske akademije znanosti i umjetnosti u Dubrovniku*, No.53/1: 149–193.

Balija, P., 2018, The Time of Restoration: Looting Behind the Reconstruction of Dubrovnik Following the Great Earthquake of 1667, *Anali Zavoda za povijesne znanosti Hrvatske akademije znanosti i umjetnosti u Dubrovniku*, No.56/1: 253–297.

Banks, M. M., 1934, St. Blaise's Comb, *Folklore*, 45(1): 77–78, Taylor & Francis, Ltd.

Bašić, Đ., 2004, A Ragusan Cannon Named Gušter (Lizard), *Anali Zavoda za povijesne znanosti Hrvatske akademije znanosti i umjetnosti u Dubrovniku*, No.42: 79–100.

Begovic, V. & Schrunk, I., 2003, Roman Villas of Istria and Dalmatia, Part II: Typology of Villas, *Prilozi Instituta za arheologiju u Zagrebu*, Vol.20, No.1: 95–112.

Belamarić, J., 2017, The French Road on Mount Biokovo above Brela, *Ars Adriatica*, No. 7: 251–268.

Brigović, D., 2012, *Sveti Vlaho zaštitnik Dubrovnika*, Zagreb: Printera Grupa.

Butler, A., 1894, *Lives of the Saints*, Benziger Brothers.

Carter, F., 1972, *Dubrovnik (Ragusa) A Classic City-State*, London: Seminar Press.

Čoralić, L., 1999, The Ragusans in Venice from the Thirteenth to the Eighteenth Century, *Dubrovnik Annals*, No.3: 13–40.

Curta, F., 2009, *A Note on Trade and Trade Centers in the Eastern and Northern Adriatic Region between the Eighth and the Ninth Century*, University of Florida, Original Scientific Paper Department of History: 267–276.

Daix, P., 1995, *Braudel*, Flammarion.（＝デックス，2003，浜名優美訳『ブローデル伝』藤原書店.）

Deanović, A., & Tenšek, I., 1980, The Bulwark of The Dubrovnik MinČeta Fortress in The Michelozzo's Conception, *Contributions to the History of Art in Dalmatia*, Vol.21, No. 1: 302–312.

Delehaye, H., 1962, *The Legends of the Saints: An Introduction to Hagiography*, Fordham University Press.

Delonga, V., 1991, The Results of Recent Researches of Mediaeval Sites in Dalmatia, *Starohrvatska prosvjeta*, Vol. III, No.21: 1–28.

Dubrovnik Museums, 2012, *St.Blaise*, Dubrovnik Museums.

Dubrovnik Museums, Contemporary History Museum, 2009, *Božidar Gjukic: War Photographs 1991–1992*, Dubrovnik Museums, Contemporary History Museum.

Dubrovnik Museums, Maritime Museum, 2018, *Old Photographs and Picture Postcards from The Holdings of the Maritime Museum in Dubrovnik*, Dubrovnik Museums, Maritime Museum

Durham, M.E., 1934, St. Blaise, *Folklore*, 45(2): 163. Taylor & Francis, Ltd.

Elez, P., 2015, Historical-Geographical and Geopolitical Constants of the Adriatic and Adriatic Region in the Context of Braudel's Vision of the Mediterranean, *Miscellanea Hadriatica et Mediterranea*, Vol.2, No.1: 85–108.

Fabijanić, D., 2018, *Dubrovnik*, Iće i piće d.o.o.

Glicksman, K., 2018, Metal Mining in Roman Dalmatia, *Opuscula Archaeologica*, Vol.39/40, No. 1: 261–283.

Gogić, M., 2016, The Romanic Catholic Parish of Novo Brdo in Late-Mediaeval Period, *Institute for Historical Sciences of the Croatian Academy of Sciences and Arts in Zadar*, No. 58: 1–26.

Grujić, N., 2005, The Rector's Palace in Dubrovnik Prior to 1435, *Contributions to the History of Art in Dalmatia*, Vol.40, No.1: 149–170.

Harris, R., 2003, *Dubrovnik*. London: Saqi Books.

Horvat-Levaj, K., 2002, Francesco Cortese: Designer of the Zamanja Palace in Dubrovnik (1669), *Peristil : Scholarly Journal of Art History*, Vol.45 No.1: 107–121.

Ipšić, I., *et al.*, 2017, Informal Power Structures and Godparent Networks of the Ragusan Nobility in the Second Half of the Eighteenth Century, *Dubrovnik Annals*, No.21: 31–46.

Jurčević, I., 2016, Economic Relations between The Bosnian Duke Radoslav Pavlović and The Inhabitants of Dubrovnik, *Journal of Faculty of Humanities and Social Sciences in Split*, No.8: 133–148.

Kalle, Z., 2017, *Unconquered Dubrovnik*, Croatian Memorial-Documentation Centre of Homeland War.

Kilić-Matić, A., 2004, A Contribution to the Study of Building Techniques and Structures at Roman Villae Rusticae on the Coast of the Roman Province of Dalmatia, *Opuscula Archaeologica*, Vol.28, No.1: 91–109.

Kirsch, J. P., 1907. *St. Blaise. In The Catholic Encyclopedia*. New York: Robert Appleton Company.

Kostić, V., 2008, Sketches from the Life of Ragusan Merchants in London in the Time of Henry VIII, *Dubrovnik Annals,* No.12: 45–56.

Kralj-Brassard, R., 2017, Out of Dust and Ashes: Organization of the Hospitale Misericordiae After the Great Earthquake of 1667, *Anali Zavoda za povijesne znanosti Hrvatske akademije znanosti i umjetnosti u Dubrovniku,* No.55/1: 189–210.

Kralj-Brassard, R., & Puljizević, K., 2012, Clandestine Birth: Care of Unwed Pregnant Women and Parturients within the Dubrovnik Foundling Hospital in the Second Half of the Eighteenth Century, *Dubrovnik Annals,* No.16: 37–67.

Krasić, S., 2002, *The Dominican Priory in Dubrovnik,* Dominiknski Smostan Sv. Dominika.

Kravar, M. 1994, About the Place-Name Ragusa for Dubrovnik, *Folia onomastica Croatica,* No.3: 77–87.

Krekić, B., 1972, Dubrovnik in the 14th and 15th Centuries, University of Oklahoma Press. (＝クレキッチ，B.，田中一生訳，1990，『中世都市ドゥブロヴニク』彩流社．)

Krekić, B., 1980, *Dubrovnik, Italy and the Balkans in the Late Middle Ages,* London: Variorum Reprints.

Krekić, B., 2001, Contribution to the Study of the Ragusan Presence in Venice in the Fourteenth Century, *Dubrovnik Annals,* No.5: 7–45.

Kremenjaš-Daničić, A. *et al.*, ed., 2012, *Saint Blaise: Veneration without Boundaries,* Dubrovnik: Europski dom Dubrovnik/Europe House Dubrovnik.

Kunčević, L., & Madunić, D., 2015, Venice and Dubrovnik During the Great Earthquake of 1667, *Dubrovnik Annals,* No.19: 7–56.

Lazarević, I., 2015, Spatial Distribution of Patrician Houses in the City of Dubrovnik According to the Census of 1817, *Dubrovnik Annals,* No.19: 123–142.

Lonza, N., 2004, Election Procedure in the Republic of Dubrovnik, *Dubrovnik Annals,* No.8: 7–41.

Lonza, N., 2012, The Statute of Dubronik of 1272, Between Legal Code and Political Symbol, *(Translated) The Statute of Dubronik of 1272, Liber Statutorum Civitatis Ragusii Compositus Anno MccLXXII,* Dubrovnik: Državni arhiv u Dubrovniku: 7–25.

Lonza, N., ed., 2012, *(Translated)The Statute of Dubronik of 1272, Liber Statutorum Civitatis Ragusii Compositus Anno MccLXXII,* Dubrovnik: Državni arhiv u Dubrovniku.

Lonza, N., 2018, Venetian Rule over Dubrovnik in the Early Thirteenth Century and the 'Leased Countship' of Giovanni Dandolo (c. 209–1235), *Anali Zavoda za povijesne znanosti Hrvatske akademije znanosti i umjetnosti u Dubrovniku,* No.56/1: 43–86.

Margaretić, B., 2017, *Traditional Jewellery,* Dubrovaćki Muzeji.

Marinković, A., 2009, Territorial Expansion of the Ragusan Commune/Republic and the Churches of Its Patron Saints, *Dubrovnik Annals*, No.13: 7–23.

Marković, P., 2012, The Artists of Michelozzo's Circle in Dubrovnik and the Reflections of their Activity in Dalmatia, *Historia Artis Magistra: amicorum discipulorumque munuscula Johanni Höfler septuagenario dicata.Znanstvena založba Filozofske fakultete*: Slovensko umetnostnozgodovinsko društvo, Ljubljana: 221–230.

Mazower, M., 2000, *The Balkans*, Weidenfeld & Nicolson.（＝マーク・マゾワー，2017，井上廣美訳『バルカン』中央公論新社.）

Miljenko, F., ed., 2002, *Dubrovnik in War*, Matica Hrvatska.

Miović, V., 2003, Emin（Customs Officer）as Representative of the Ottoman Empire in the Republic of Dubrovnik, *Dubrovnik Annals*, No.7: 81–88.

Munk, A., 2016, Deconstructing the Myth of Byzantine Crown: The Head Reliquary of Saint Blaise in Dubrovnik, *Dubrovnik Annals*, No.20: 7–52.

Nikić, A., 2006, Pharmacy of Friars Minor in Dubrovnik as Franciscan Contribution to the History of Pharmacy, *Acta Medico-historica Adriatica*, Vol.4, No.1: 153–162.

Paskojević, K., 2015, Palaeographic Analysis of Cyrillic Diplomatic Minuscule in the Three Documents Related to the Purchase of Sokol Fortress in Konavle, *Anali Zavoda za povijesne znanosti Hrvatske akademije znanosti i umjetnosti u Dubrovniku*, No. 53/1: 31–77.

Pejić, P., 2005, Two Bishops from the Franciscan Order, *Institute for Historical Sciences of the Croatian Academy of Sciences and Arts in Zadar*, No. 47: 225–246.

Peković, J., 2013, Spatial Development of the Eastern Part of Pustijernas Fortification System in Dubrovnik Until 16th Century, *Prostor*, Vol.21, No.2(46): 236–247.

Peković, Ž., & Topić, N., 2011, A Late-medieval and Post-medieval Foundry in the Historic Centre of Dubrovnik, *Post-Medieval Archaeology*, 45/2, 266–290.

Peković, Ž. & Babić, K., 2017, The Suburb of the Civitas of Dubrovnik, *Anali Zavoda za povijesne znanosti Hrvatske akademije znanosti i umjetnosti u Dubrovniku*, No. 55/1: 1–63.

Pešorda-Vardić, Z., 2006, The Crown, The King and The City: Dubrovnik, Hungry and The Dynastic Controversy, 1382–1390, *Dubrovnik Annals*, No.10: 7–29.

Piplović, S., 2012, Construction in Dalmatia under the French Government, *Adrias: Croatian Academy of Arts and Sciences Split Institute of Arts and Sciences journal*, No. 18: 75–102.

Popović, I., 2010, Gold and Silver Jewelry from Central Balkan Provinces of Roman Empire, *Histria antiqua*, Vol.19, No.19: 55–64.

Puljić, I., 2018, Dioceses of Upper Dalmatia at the Church Councils of Split in 925 and 928,

Hercegovina : *Časopis Za Kulturno i Povijesno Naslijeđe*, No.4: 31–47.

Rakidžija, A., 2009, *A Dubrovnik War Story*, Croatian association of Civilian Victims of the War for Freedom at the Dubrovnik.

Rapanić, Ž., 2013, The Origin and Formation of Dubrovnik. Additional Considerations, *Starohrvatska prosvjeta*, Vol. III No.40: 81–122.

Škegro, A., 2007, The Alleged Diocese of Delminium, *Opuscula Archaeologica*, Vol.31, No.1, 283–302.

Stuard, S., 1992, *A State of Deference: Ragusa, Dubrovnik in the Medieval Centuries*, University of Pennsylvania Press.

Vekarić, N., 2012, The Proportion of the Ragusan Nobility at the Closing of the Major Council in 1332, *Dubrovnik Annals*, No.16: 7–22.

Vekarić, N., 2015, The Impact of Social Status on Demographic Changes: Ragusan Nobility and the Process of Demographic Transition, *Dubrovnik Annals*, No.19: 57–70.

Wallerstein, I., 1974, *The Modern World-System: capitalist agriculture and the origins of the European world-economy in the sixteenth century*, Academic Press.

Weber, M., *Die Stadt, Wirtschaft und Gesellschaft*, 1921.（＝ウェーバー，1975，倉沢進訳，「都市」，世界の名著『ウェーバー』中央公論社: 599–704）.

Webster, P., & Gelin, M., 2016, *The Cult of St Thomas Becket in the Plantagenet World, c.1170–c.1220*, Woodbridge: The Boydell Press.

Zlatar, Z., 2002, Huius... est Omnis Reipublicae Potestas: Dubrovniks Patrician Houses and Their Participation in Power（1440–1640）, *Dubrovnik Annals*, No.6: 45–65.

Žurek, P., 2002, Prince Adam Jerzy Czartoryski and the Plan of the Balkan Federation（1804–1806）, *Historical contributions=Historische Beiträge*, Vol.22, No.22: 159–165.

Žurek, P., 2012, The Fall of the Dubrovnik Republic and Adam Jerzy Czartoryski in the Service of Russian Politics, *Anali Zavoda za povijesne znanosti Hrvatske akademije znanosti i umjetnosti u Dubrovniku*, No.50: 163–179.

日本語文献・邦訳文献

秋山聡，2009，『聖遺物崇敬の心性史』講談社.

ブローデル，F.，2004a，浜名優美訳『地中海 1 環境の役割』藤原書店.

ブローデル，F.，2004b，浜名優美訳『地中海 2 集団の運命と全体の動き 1』藤原書店.

ブローデル，F.，2004c，浜名優美訳『地中海 3 集団の運命と全体の動き 2』藤原書店.

ブローデル，F.，2004d，浜名優美訳『地中海 4 出来事、政治、人間 1』藤原書店.

ブローデル，F.，2004e，浜名優美訳『地中海 5 出来事、政治、人間 2』藤原書店.

ブローデル，F. 編，2000，神沢栄三訳『地中海世界』みすず書房.

ブローデル，F. 編，1987，福井憲彦・松本雅弘訳『ブローデル歴史を語る 地中海・資本主義・フランス』新曜社.

ブローデル，F.，2009，金塚貞文訳『歴史入門』中央公論新社.

ブローデル，P.，2004，「想像力の歴史家フェルナン・ブローデル」，ブローデル，F. 著・浜名優美訳『地中海 5 出来事、政治、人間 2』藤原書店 : 459–481.

カステラン，G.，2000，萩原直訳『叢書東欧 8 バルカン世界』彩流社.

デックス，P.，2003，浜名優美訳『ブローデル伝』藤原書店.

エチェベリーア，P.，2003，「ブローデルとマルクス」，ウォーラーステイン，I. ほか著・浜名優美監修『入門ブローデル』藤原書店 113–145.

古川誠之，2006，「中世都市イメージの出現――中部ライン流域における都市印章」『早稲田大学教育学部学術研究（外国語・外国文学編）』54: 79–92.

古川誠之，2011，「表象文化としての都市印章」『比較都市史研究』30(2): 2–3.

浜名優美監修，2003，『入門ブローデル』藤原書店.

浜名優美，2003，「ブローデル小伝」，ウォーラーステイン，I. ほか著・浜名優美監修『入門ブローデル』藤原書店 228–248.

浜名優美，2004，「気になる言葉――翻訳ノート」，ブローデル，F. 著・浜名優美訳『地中海 5 出来事、政治、人間 2』藤原書店: 453–496.

橋本靖明，1998「ボスニア・ヘルツェゴビナにおける安全地域」『防衛研究所紀要』1(2)80–95.

林佳世子，2008，『オスマン帝国 500 年の平和』講談社.

広瀬佳一・吉崎知典編，2012，『冷戦後の NATO』ミネルヴァ書房.

飯田巳貴，2013，「近世のヴェネツィア共和国とオスマン帝国間の絹織物交易」一橋大学博士学位論文.

飯田巳貴，2014，「コムーネからみるイタリア社会とことば」『GCI キャンパス・レクチャー』(2): 3–9.

井上浩一，1983，「ローマ都市からビザンツ都市へ――エフェソスの場合」『人文研究』35(5): 288–307.

居阪僚子ほか訳，2017，「コンスタンティノス 7 世ポルフュロゲネトス『帝国統治論』第 9 章：研究動向と訳註」『史苑』77(2): 228–199.

石田信一，2000，「一九世紀前半のダルマチアにおけるイタリア・ナショナリズムの影響」『跡見学園女子大学紀要』(33): 97–110.

石田信一，2002，「ダルマチアにおけるボスニア＝ヘルツェゴヴィナ蜂起の影響」『跡見学園女子大学紀要』（35）: 1-12.
石田信一，2003，「クロアチアの地方制度とマイノリティ問題」『跡見学園女子大学文学部紀要』（36）: 1-16.
石田信一，2006，「両大戦間期のユーゴスラヴィアにおける地方制度の変遷と国家再編構想」『跡見学園女子大学文学部紀要』（39）: 99-113.
石田信一，2006，「クロアチア―民族と国家の相克」，羽場久美子・小森田秋夫・田中素香編『ヨーロッパの東方拡大』岩波書店: 313-328.
石田信一，2008，「クロアチア自治州に関する一考察」『跡見学園女子大学文学部紀要』（41）: 19-28.
石川清，1992，「ミケロッツォ・ディ・バルトロメオの建築の特性について（4）――コシモ・デ・メディチとの関係」『学術講演梗概集．F，都市計画，建築経済・住宅問題，建築歴史・意匠（1992）』: 1207-1208.
石川清，2017，「十五世紀ラグーザとイタリア建築――ミケロッツォ・ディ・バルトロメオとフィレンツェの建設技術者集団の活動を中心に」『日伊文化研究』55: 12-27.
岩間陽子，2012，「冷戦後のNATOと統一ドイツ」，広瀬佳一・吉崎知典編『冷戦後のNATO』ミネルヴァ書房: 96-114.
岩田昌征，2006，「旧ユーゴスラヴィア――多民族戦争の欧米的要因」，羽場久美子・小森田秋夫・田中素香編『ヨーロッパの東方拡大』岩波書店: 276-294.
陣内秀信，1992，『ヴェネツィア　水上の迷宮都市』講談社.
陣内秀信，2018，『イタリア海洋都市の精神』講談社.
亀長洋子，2011，『イタリアの中世都市』山川出版社.
唐沢晃一，2004a，「セルビア王国成立前夜の政治思想にかんする考察」『史観』151: 51-68.
唐沢晃一，2004b，「一四世紀末〜一五世紀前半のボスニアにおけるルサーグについて」『東欧史研究』26: 2-25.
川北稔編，2001，『ウォーラーステイン』講談社.
川北稔，2016，『世界システム論講義』筑摩書房.
木村元彦，2005，『終わらぬ「民族浄化」セルビア・モンテネグロ』集英社.
倉沢進，1999，「広場とヨーロッパ都市」，倉沢進編『都市空間の比較社会学』放送大学教育振興会: 114-128.
金原由紀子，2009，「中部イタリアの共和制都市国家における聖遺物収集――ピストイア大聖堂を中心に」『尚美学園大学総合政策研究紀要』16/17: 61-75.

マンフォード，L., 1969，生田勉訳『歴史の都市　明日の都市』新潮社.
松岡和人，2006，「14 世紀における西欧の金銀複本位制と為替レート決定」『愛知教育大学研究報告　人文・社会科学編』55: 119–126.
松岡和人，2007，「15 世紀西欧の為替手形為替レートと利子率に関する一考察」『愛知教育大学研究報告　人文・社会科学編』56: 139–144.
宮下規久朗，2016，『ヴェネツィア——美の都の一千年』岩波書店.
森征一，1976a，「中世イタリアの都市コムーネと条例制定権（ius statuendi）理論 1」『法学研究』49(8): 30–70.
森征一，1976b，「中世イタリアの都市コムーネと条例制定権（ius statuendi）理論 2」『法学研究』49(9): 24–58.
森征一，1976c，「中世イタリアの都市コムーネと条例制定権（ius statuendi）理論 3」『法学研究』49(10): 52–89.
森征一，1976d，「中世イタリアの都市コムーネと条例制定権（ius statuendi）理論 4」『法学研究』49(11): 19–52.
諸田實，1996，「フッガー家のスペイン王室への貸付」『商経論叢』32(1): 69–96.
諸田實，1998，『フッガー家の時代』有斐閣.
永井三明，1980a，「ヴェネツィアの貴族」『イタリア学会誌』29: 200–255.
永井三明，1980b，「ヴェネツィアの貴族階級の確立とその背景」『史林』63(5): 675–705.
永井三明，1994，『ヴェネツィア貴族の世界』刀水書房.
名城邦夫，2015，「主権国民国家と計算貨幣によるヨーロッパ貨幣史」『名古屋学院大学論集社会科学篇』52(2): 1–88.
中谷功治，1987，「テマからテマ制へ」『待兼山論叢．史学篇』21: 29–50.
根津由喜夫，1993，「11 世紀ビザンツ属州貴族と地域社会，皇帝政府」『歴史学研究』651: 46–59.
野崎由利子，2018，「論説　属州パンノニアの河川輸送」『西洋古代史研究』18: 1–41.
斉藤寛海，1978，「ヴェネツィアの貨幣体系」『イタリア学会誌』26: 72–87.
斉藤寛海，1983，「都市の権力構造とギルドのありかた」『史学雑誌』92(3): 344–370.
斉藤寛海，2002，『中世後期イタリアの商業と都市』知泉書館.
斉藤寛海・山辺規子・藤内哲也編，2008，『イタリア都市社会史入門』昭和堂.
齋藤俊輔，2002，「火薬帝国試論——オスマン帝国の火器」『大東アジア学論集』2: 150–162.
瀬原義生，2004，「中世末期・近世初頭のドイツ鉱山業と領邦国家」『立命館文

學』585: 96–137.
瀬原義生，2016，『中・近世ドイツ鉱山業と新大陸銀』文理閣.
柴宜弘，1993，『ユーゴスラヴィアで何が起きているか』岩波書店.
柴宜弘，1996，『ユーゴスラヴィア現代史』岩波書店.
清水廣一郎，1975，『イタリア中世都市国家研究』岩波書店.
白幡俊輔，2009，「フランチェスコ・ディ・ジョルジョの「イタリア式築城」成立への影響——大砲・築城・都市計画の視点から」『イタリア学会誌』59: 71–96.
白幡俊輔，2012，『軍事技術者のイタリア・ルネサンス』思文閣出版.
高田京比子，1995，「中世イタリアにおける支配層の家と都市農村関係——都市コムーネ理解に向けて」『史林』78(3): 455–474.
高橋暁，2010，「武力紛争の際の文化財の保護に関する条約 第二議定書運用指針作成に関する考察：文化遺産危機管理とユネスコ条約の連携」『日本建築学会計画系論文集』75(653): 1787–1792.
谷口長世，2000，『NATO』岩波書店.
月村太郎，2006，『ユーゴ内戦』東京大学出版会.
和栗珠里，2009，「ヴェネツィア共和国の外国人貴族」『桃山学院大学人間科学』36: 197–222.
ウェーバー，M.，1921＝1975，倉沢進訳「都市」，世界の名著『ウェーバー』中央公論新社: 599–704.
ウォーラーステイン，I.，1981a，川北稔訳『近代世界システムⅠ』岩波書店.
ウォーラーステイン，I.，1981b，川北稔訳『近代世界システムⅡ』岩波書店.
ウォーラーステイン，I.，1985，川北稔訳『史的システムとしての資本主義』岩波書店.
ウォーラーステイン，I.，2003，「ブローデルの資本主義」，ウォーラーステイン，I. ほか著・浜名優美監修，『入門ブローデル』藤原書店: 147–174.
ウォーラーステイン，I.，2006，山下範久訳『入門世界システム分析』藤原書店.
渡邊啓貴，2018，『アメリカとヨーロッパ』中央公論新社.
吉森賢，2013，「フッガー家の公益活動と経営戦略」『横浜経営研究』33(4): 549–566.

著者略歴

早稲田大学人間科学学術院教授。お茶の水女子大学文教育学部卒業。2000 年，東京都立大学大学院社会科学研究科博士課程修了，博士（社会学）。武蔵大学社会学部教授などを経て，2013 年より現職。

専門　都市社会学，地域社会学。
著書に『戦争と福祉――第一次大戦期のイギリス軍需工場と女性労働』（晃洋書房，2019 年），『20 世紀イギリスの都市労働者と生活――ロウントリーの貧困研究と調査の軌跡』（ミネルヴァ書房，2014 年），『チョコレートの世界史――近代ヨーロッパが磨き上げた褐色の宝石』（中央公論新社，2010 年），『マニラへ渡った瀬戸内漁民――移民送出母村の変容』（御茶の水書房，2002 年）ほか多数。

世界遺産都市ドゥブロヴニクを読み解く
戦火と守護聖人

2022 年 11 月 25 日　第 1 版第 1 刷発行

著 者　武《たけ》 田《だ》 尚《なお》 子《こ》

発行者　井 村 寿 人

発行所　株式会社 勁《けい》 草《そう》 書 房

112-0005 東京都文京区水道 2-1-1　振替 00150-2-175253
（編集）電話 03-3815-5277／FAX 03-3814-6968
（営業）電話 03-3814-6861／FAX 03-3814-6854
三秀舎・松岳社

ISBN978-4-326-24853-7　　Printed in Japan